決定的な理由がなければ、だめですか？

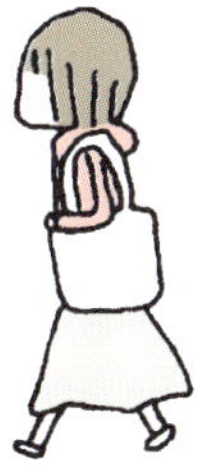

野原広子

離婚してもいいですか？

翔子の場合

もくじ

SUPER MARKET

登場人物

翔子の夫 淳一

営業部所属のサラリーマン。周囲を伺う小心者タイプ。実姉の影響が強く、逆らえない。
職場のストレスのはけ口を翔子にぶつけることで自分を保っている。

翔子

専業主婦、幼い姉弟の子育て中。もともとあまり自分に自信がなく、家庭に入ってからは特に自己主張ができない性格に。心無い夫との離婚を望むが、経済的なことを考えると一歩踏み出せずにいる。

室井さん

淳一の元同級生。
仕事をかけもちするシングルマザー。

花

翔子の娘　6歳。

優

翔子の息子　4歳。

翔子の弟 ナオ

翔子の家の近所で一人暮らしをしている。
花と優になつかれている、心優しい弟。

淳一の姉 佳織

思ったことをズバッと言う性格。弟への影響力が強い。

【1章】

私は夫が大嫌い

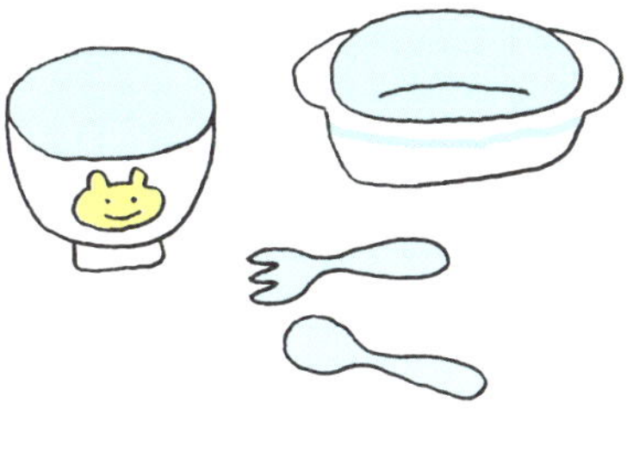

【第1話】献立

今日の
ごはん
何にしよう
今日は
カボチャが
お買得か〜〜
はーちゃんは
何食べたい？
えーとねえ
ドーナッツ
それ
夕ごはんじゃ
ないよね
あれ？
優くんは？
ママー
これ
かって！
え――
これは
このあいだ
買ったばかり
だよ
今回は
ガマン
やだ
やだ
かうの！
ダメ
かう
かう
かうの！
あ――
そんなに
大きな声
出して
パパに
言っちゃおう
かな

パパに怒ってもらうからね
ダメ
パパにいっちゃダメ
じゃ返してこよう
はーちゃん一緒に行ってあげて
いいよいこっ
だ
走っちゃダメー
ふう
えーっと今日のごはん…ごはん…
毎日毎日
悩むなあ…
うーん
節約をしつつ栄養のバランスのとれたメニューを考え
夫の好物は必ず入れる

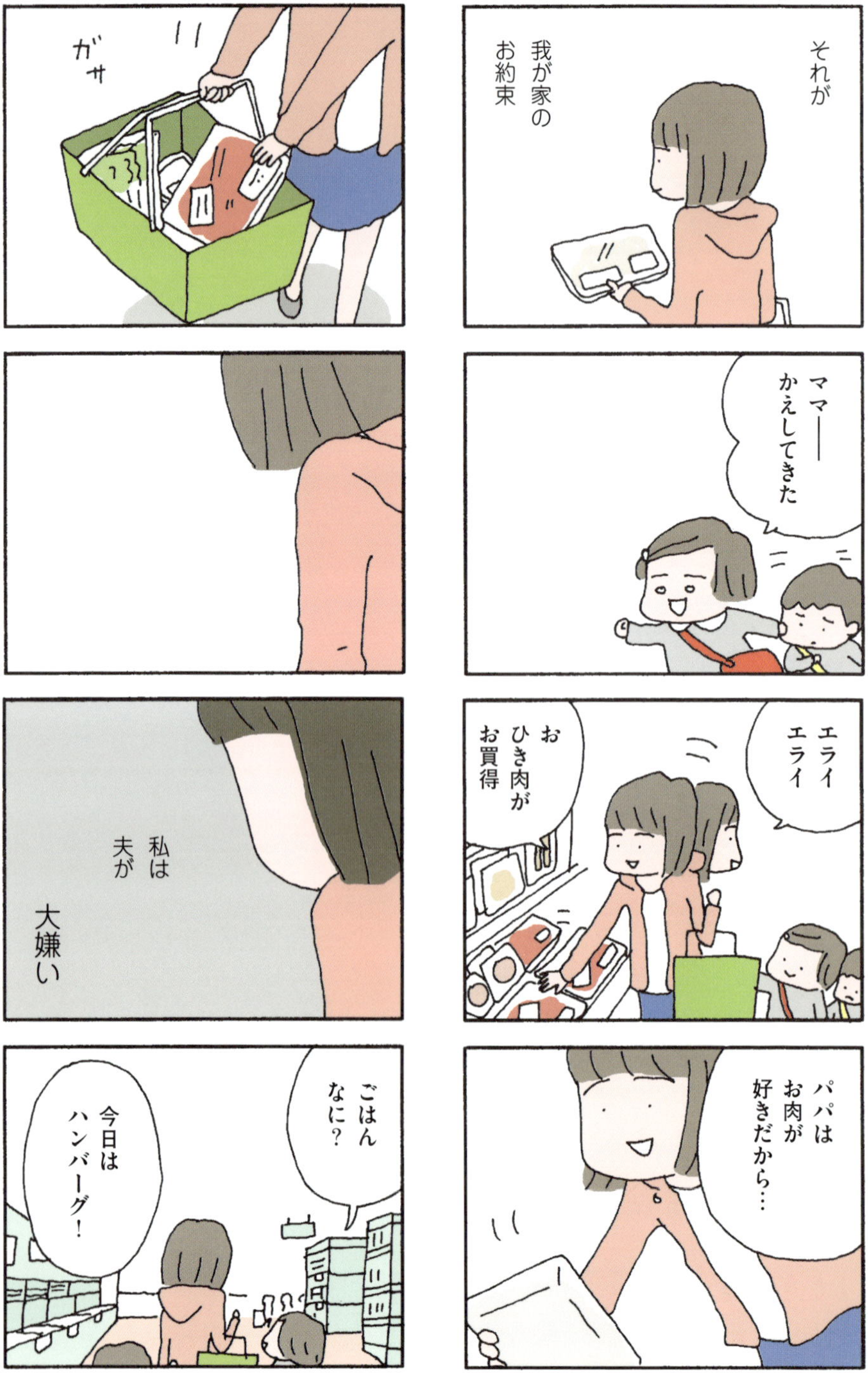
それが
我が家のお約束
ママーかえしてきた
エライエライ
おひき肉がお買得
パパはお肉が好きだから…
ガサ
私は夫が
大嫌い
ごはんなに?
今日はハンバーグ!

【第2話】疑似

コチ
コチ
そろそろかな…
ママー おなかすいたー
もうすぐパパ帰ってくるから
もうちょっと待ってね
あ パパの車の音した
さっ
さっ
カチャ
カチャ
ただいまー
ガチャ
パパおかえりーっ
おかえりなさい

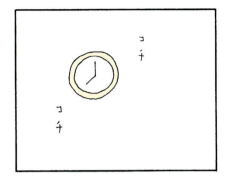

あー
つかれた
もー
くたくた
おつかれさま
でした
今日
ムチャクチャ
忙しくてさー
大変
だったね
ホント
パパ
おみやげは？
ないよ
そんなの
つまんないの
何
いってんの
パパが無事に
帰ってくることが
一番の
おみやげなんだよ
さっ
ごはんに
しましょ
はーい
やった
今日
ハンバーグ
うまい
ホント？
よかった

うん 80点
あと 20点は？
チーズ のってたら 100点 だったかな
チーズ かあ～… おしかったな
次は のせるね
あでも 今日の気分 だから 次は わかんない よ
もぐ もぐ
ねー パパ 今日ね はーちゃん 幼稚園でね
こーんな おおきな紙に みんなで おえかき したの！
なんの絵 描いたの？
えーっと ね
パパ おかわりは？
うん
ぼく トマト たべた
えらい えらい
誰が見ても
「幸せな家族」
そう
見えるん だろうな
きっと

【第3話】夫婦

プシュ
はー
つかれた
ったくさ
あの部長
気分で
仕事されると
ホント困る
なんで
あんな奴が
管理職に
なれたのか
すごい
不思議
うちの会社
人見る目ないね
まったく
なんで
オレの上司は
あの人なんだろ
はーー
あーでもない
こーでもない
いうわりには
具体案もなくてさ
けっきょく
何回やりなおせば
いいんだよって
話で
すっげー
つかれた
うん
うん
仕事…
大変だね
グチ
グチ
パパが
がんばって
くれるから
毎日ごはん
食べられるん
だよね
ありがと
感謝
してるよ
カンシャ
か――…
ふ――

お前は気楽でいいよなー
あーあ オレも主婦になって昼寝とかしたいよ
…昼寝なんかしてないよ
…ホント？
ホント ホント
今日一日なにしてたの？
パパと子どもたち送り出してから
掃除して 洗濯して 用事足して 夕食の買い物行って ごはん作って…
ふーーん
もう一本飲む？
…
うん
だははは
しーーーっ
パパ もう少し声小さく… 子どもたちおきちゃう

つかれて帰ってきてんだから声出して笑うくらいいいだろ
ママー…
あ
ごめんねおきちゃった?
だっこ
うん一緒に寝ようね
ねんねねんね
がはは
トン
トン
わはは
わはは
…
ムカ
ブッ
オナラ
カッ
フー…
あなたの方がよっぽど
役立たずだよ

【第4話】不穏

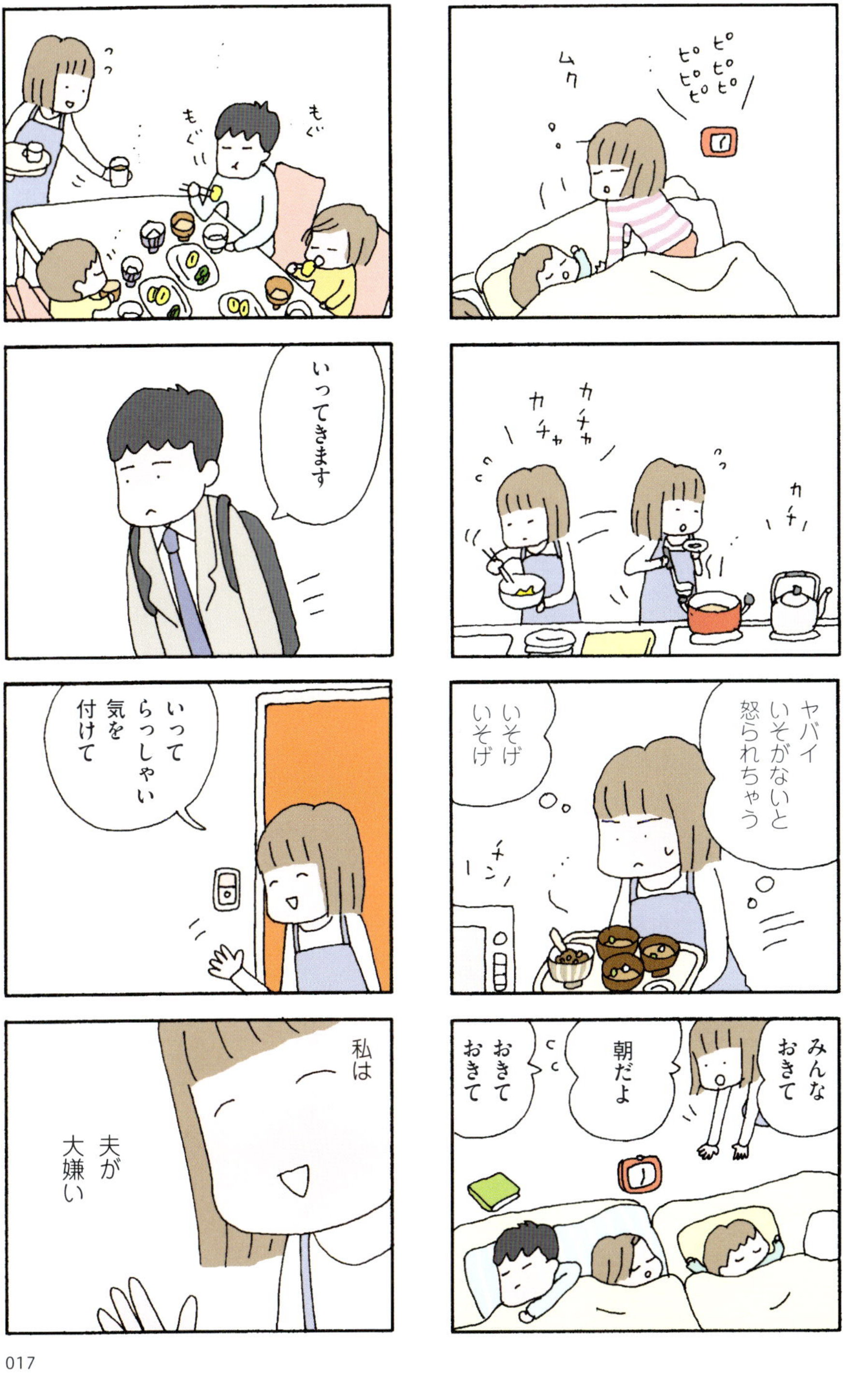
ピピ
ピピ
ピピピ
ムク
カチャ
カチャ
カチ
ヤバイ
いそがないと
怒られちゃう
いそげ
いそげ
チン
みんな
おきて
朝だよ
おきて
おきて
もぐ
もぐ
いってきます
いってらっしゃい
気を付けて
私は
夫が
大嫌い

ガー
ガー
パン
パン
あ！ヤバイ これ出すの 忘れてた！
パパに ばれたら 怒られ ちゃう
たたた
たたた
いつから だろう
私の 毎日は
「夫の機嫌を 損なわないように」
それを基準に まわっている

ママー これ かってー
ダメ
今日の ごはん 何にしよう…
昨日の ハンバーグは 80点だった
足りない 20点は…
そうだ チーズが のってなかったから
でも それは 〝昨日の 気分〟 なわけで あって
えーっと…
何を 作れば いいのか
え———っと…
グツ グツ
トン トン
今日も 私は
大嫌いな 夫のために 料理を作る

離婚してもいいですか？

翔子の場合

【2章】

私なんて
ラクなほうなんだって
思えば思うほど苦しい

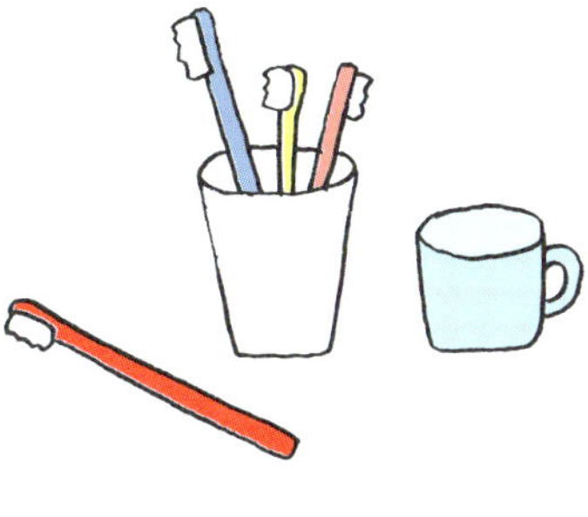

【第5話】誕生

6年前
翔子さん おめでとう
○○産科医院
よかったわぁ 淳一も ようやく パパに なれたわね
5年も かかった けど 本当に よかった
あ ありがとう ございます
ちょっと イヤミ 入ってた?
でも いいや
よかった… これで妊活の プレッシャーから 解放されるんだ
ねえ 淳ちゃん
ん?
私ね 会社 やめようと 思うの
できたら 仕事 続けたかったん だけど
あの会社… 妊活中だって いろいろ いごこち悪かったし
小さな子を 育てながら 受け入れてくれる 雰囲気じゃないの ぜったい

この子が少し大きくなったらまた別の仕事探すから
うん…わかったいいよ翔子がそうしたいなら
ありがとう淳ちゃん
これからこの子と夫のことだけ考えて暮らせるんだ
すっごい幸せ
ただいまー
あーつかれた
パパおかえり
えーパパはイヤなの?
フギャ
ママがいいって
じゃオレ仕事するわ

終わんなくて持ってかえってきた
大変ね大丈夫?
部長うるさくて
夫は仕事
私は育児と家事
そうこれは役割分担
私は会社も仕事も向いてなかった
この子を産むことでやめることができた
その選択を許してくれた
淳ちゃんには感謝してる
ねえ週末鈴木たちとゴルフ行きたいんだけどいい?
え
花をみてくれる約束だったのに
うん いいよ
あとごめんお金も少しよろしく
うん
またか… 今月ピンチなんだけど…
収入がなくなった私は
こうして少しずつ夫にものを言うことができなくなっていた

【第6話】機嫌

はら
へったー
メシ
まだー？
花ちゃんてば
夕食の支度の
時間になると
泣き出すの
なんで？
淳ちゃん
だっこしてて
グズグズ
うぎゃー
うるさいなあ
おまえが
泣いてると
メシができないん
だよ
うぎゃーーっ
それ
立って
だっこしろって
泣いてるんだと
思う
…
おまえが
おんぶして
料理すれば
いいじゃん
ふぎゃ
ふぎゃ
はい
はい
はいはい
よし
よし
夫は
なにも
してくれない
あ
ダメよ
それ
あぶない
うーー
花のことも
自分のことも

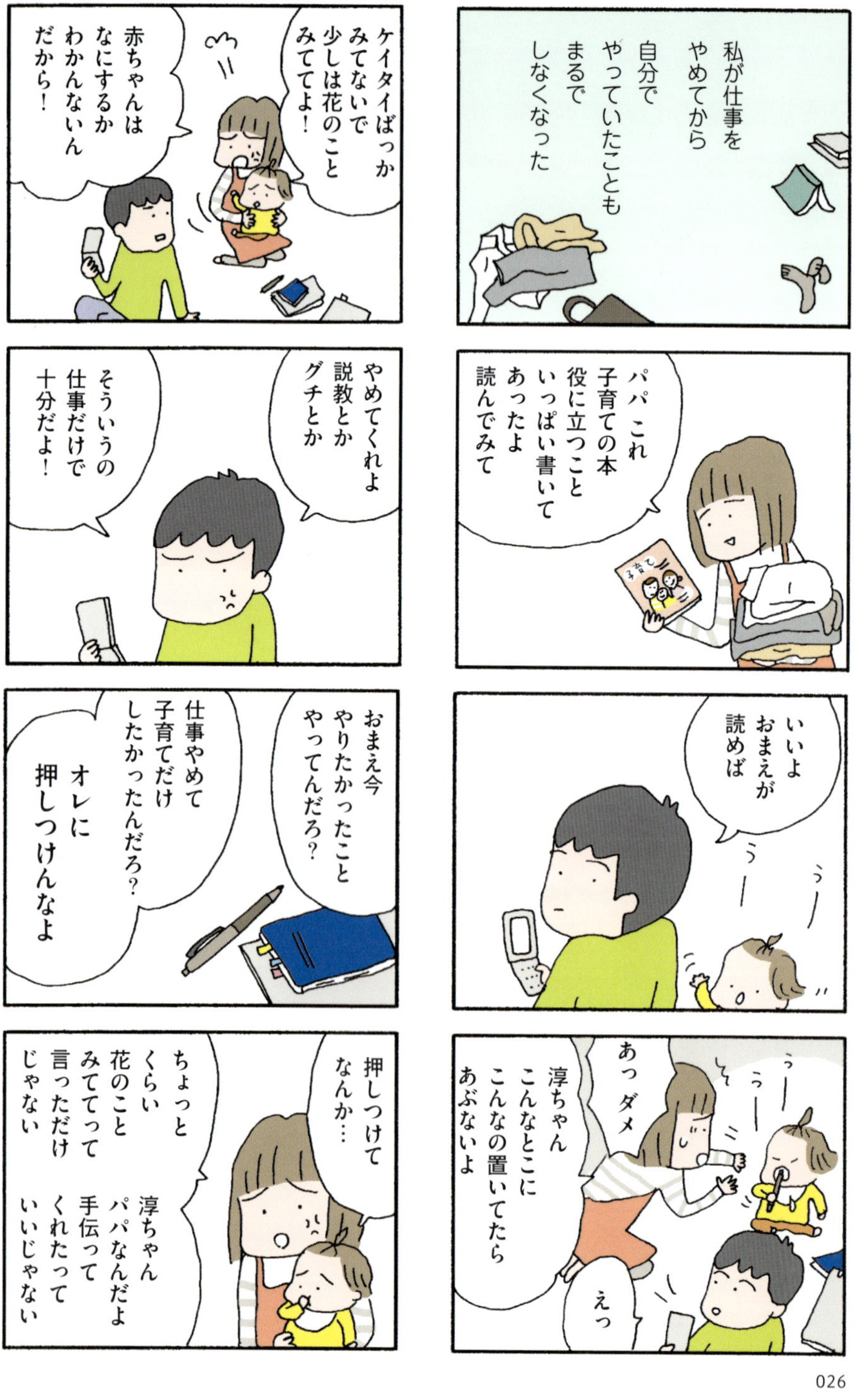
私が仕事を やめてから 自分で やっていたことも まるで しなくなった
パパ これ 子育ての本 役に立つこと いっぱい書いて あったよ 読んでみて
いいよ おまえが 読めば
うー
うー
あっ ダメ
淳ちゃん こんなとこに こんなの置いてたら あぶないよ
えっ
うー
うー
ケイタイばっか みてないで 少しは花のこと みててよ！
赤ちゃんは なにするか わかんないん だから！
やめてくれよ 説教とか グチとか
そういうの 仕事だけで 十分だよ！
おまえ今 やりたかったこと やってんだろ？
仕事やめて 子育てだけ したかったんだろ？
オレに 押しつけんなよ
押しつけて なんか…
ちょっと くらい 花のこと みててって 言っただけ じゃない
淳ちゃん パパなんだよ 手伝って くれたって いいじゃない

…
…
あっ…
ごめん 淳ちゃん 仕事で疲れてんのに
淳ちゃんは機嫌が悪くなると黙りこむ
ひたすら無視だ
バンッ
夫の機嫌を損なわないように
穏かな生活を保つために
私のことも
子どものことも
うーー
?
私は
夫に
ふう…
反論してはならない
きゃっきゃっ

【第7話】比べる

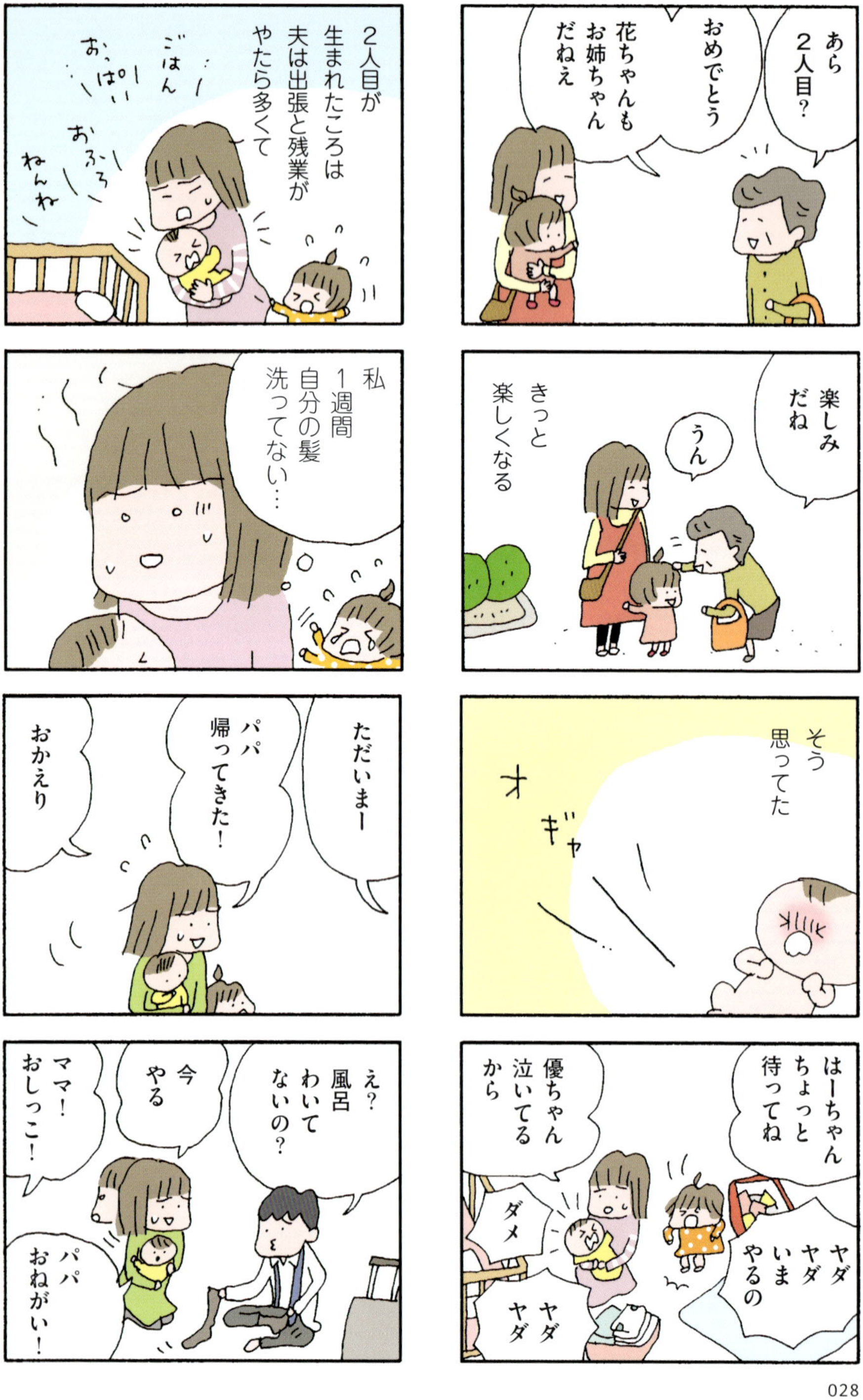
あら
2人目?
おめでとう
花ちゃんもお姉ちゃんだねえ
楽しみだね
うん
きっと楽しくなる
そう思ってた
オギャ
はーちゃんちょっと待ってね
優ちゃん泣いてるから
ヤダヤダいまやるの
ダメ
ヤダヤダ
2人目が生まれたころは夫は出張と残業がやたら多くて
ごはん
おっぱい
おふろ
ねんね
私1週間自分の髪洗ってない…
ただいまー
パパ帰ってきた!
おかえり
え?風呂わいてないの?
今やる
ママ!おしっこ!
パパおねがい!

えー
オレが？
ママ
やって
じゃあ
こっち
みてて
早く
してよ
はやく
はやく
びえ
あねえ
明日の
くつした
出して
おいてよ
あと
これ
洗濯もの
ドサッ
なんか
家の中
汚いなぁ
1日家に
いるんだから
ちゃんとしなよ
うん
ご
ごめん
なさい
こんにち
はー
うちの子の
使わなくなったの
よかったら
使って
お義姉さん
ありがとう
ございます
たすかり
ます
いーの
いーの

とぅっ
たーっ
やめなさい
赤ちゃん
だから
やさしくねっ
仲良く
ねっ
子どもが
2人って
大変ですね
なに
言ってんの
私なんか
仕事も
してるんだから
もっと大変よ
翔子さんなんて
ラクしてるじゃない
で…
ですよね
子ども2人いて
仕事して
すごいなぁ…
ゆっくり
子育て
できる
翔子さんが
うらやま
しいわ
すいま
せん…
ママー
ママー
優くん
ゲーした
あっ
あらあら
大変
そうよ
みんな大変
私より大変
私なんて
ラクなほう
なんだって
思えば
思うほど
苦しいのはナゼ？

【第8話】疲れ

2人目が生まれてから実感
優くんダメ
あぶない
子育ては想像してたよりはるかに大変だ
花は手のかからない子だったから…
そっちいかない
ああしようこうしようと思ったことが
ああもこうもできない
イヤイヤ
ダメもうおしまい帰るよ
ダメ
まだあそぶの!
パパ帰ってきちゃう
優くん一人で歩いて
ふうふう
だっ
ごはんできてないの?
え おかずこれだけ?
ごめんなさい忙しくて…
オレのパンツどこ?
あ
たたんでない

おまえ毎日家にいて何してんの？
オレ働いてんだよ？
家の中きたないしちらかってるし
イラ イラ
掃除くらいちゃんとしろよ
仕事から帰ってきたらすぐあったかいごはん出すくらいしてくれよ
ママおしっこ
毎日ちゃんと
ししてるんだけど
でこんなきたないの？
あっ
…
しょー…
はーー…
家事ヘタ…
なんで出るまえにいわないの
いった！
優くんぴょんぴょんしちゃダメ
ぴょん
ふくから動かないで
ちゃんと家事したいけど
ねーこれよんで
でもしたくてもできない

ママに やって もらいな
パパ 忙しいの
ゴロン
わはは
足→
世の中のママは
みんな ちゃんと 楽しそうに家事も してるのに
私は なんだか うまくいってない 気がする
今日のごはん 何にしよう
ちゃんと 作らないと また パパに怒られる
花 なっとうごはん でいいよ
花
ママ だいすき だよ
ママも だいすき だよ
ぎゅ

離婚してもいいですか？

翔子の場合

【3章】

妻の笑顔にムカつくなんてオレだけだろうか?

【第9話】不満

またダメ出し
はぁ
今日キゲン悪かったしな部長
どうしたの？暗いなあ
また部長に怒られたんだって
どうせキゲンが悪かったんでしょ
あらら
あんなのダメ出しのポイントだけ心に残して
感情なんてまともにうけとったらダメよ
ふーん
桃井さん強いっすね
母は仕事のことだけで頭いっぱいにできないからね
仕事しつつ子どもとダンナと今日のごはんと
いろいろいろいろ考えなきゃだからね！
よけいなものは残さない！
おおっと今のうちに銀行行ってこなきゃ
私が働いた分はまるまる子ども行きよ
ははは

桃井さんて子ども2人だっけ？
そうそう上の子が今年から大学で大変っていってたね
桃井さんは仕事した上に翔子と同じことしてるんだよな…
えらいなあ…
うちの嫁はいまごろ
家でのんびりしてるんだろな
ただいまー
パパおかえりー
今日はごはんできてるな…
パパこれみて！
ママにあたらしいのかってもらったのー

これ
いくら?
ふふ
100均の
高く
見えるよね
イラッ
100円だって
金だよ
コッ
なんだ なんだ
ちらかってるな
まったく
一日
家にいて
なにしてんの
ちゃんと
片づけろよ
ごめん
今
片づける
このごろ
妻を見ると
いじめたく
なるのは
なぜだろう

【第10話】将来

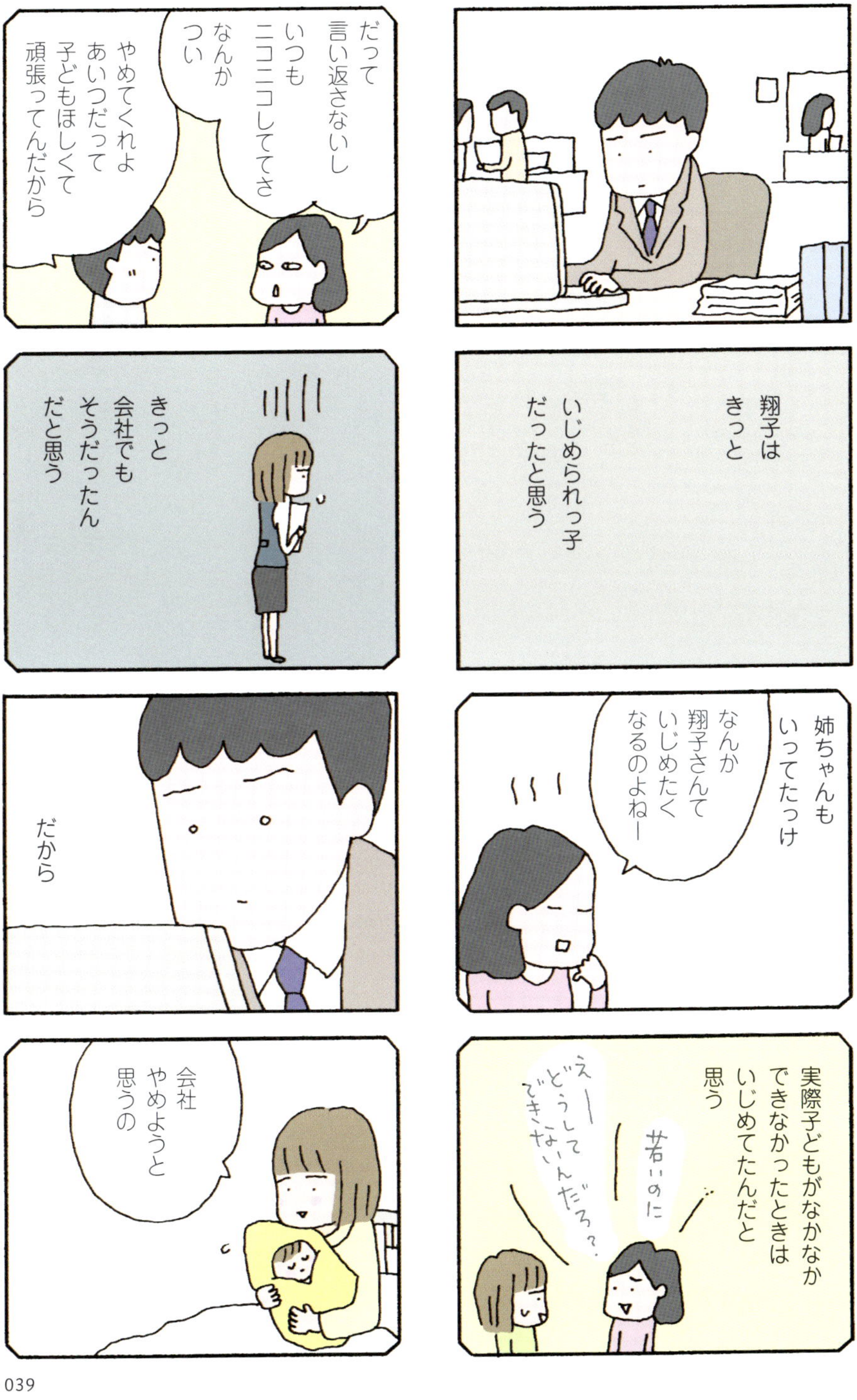

だって 言い返さないし いつも ニコニコしててさ なんか つい
やめてくれよ あいつだって 子どももほしくて 頑張ってんだから
翔子は きっと いじめられっ子 だったと思う
きっと 会社でも そうだったんだと思う
姉ちゃんも いってたっけ
なんか 翔子さんて いじめたく なるのよねー
だから
実際子どもがなかなか できなかったときは いじめてたんだと 思う
えー どうして できないんだろ?
若いのに
会社 やめようと 思うの

不妊治療でつらい思いしたしな…
え…
それに翔子は不器用だから子育てとの両立は大変かな
うんわかった
って言ったんだけど
でも
今 花が6歳で優が4歳
そろそろ家計のために働いてくれてもいいんじゃないか?
桃井さんがいつもいう
子どもが小さいうちにお金ためといたほうがいいわよ~
これからどのくらい子どもに金がかかるかなんて計算もしてないんだろうか?
してないんだろうなきっと…
オレがズバリ「働け」って言ったほうがいいんだろうか?

いや
でも
それじゃあ
オレが
小さい男
みたいじゃないか?
……
言われなきゃ
気がつかないって
ところが
イラつくんだよなぁ
ガチャ
おかえりなさい
パパー
おかえりー
出会ったころは
いつも
ニコニコして
かわいい子
だなあって
思ったけど
いまは
ただ
ニコニコ
してるだけの
つまらない女だな
って思う

【第11話】笑顔

しってる
オレは小さい
これ もう少し焼いたほうがいいよ
オレ こげてるくらいがすき
そう？
じゃあもう少し…
だから グチグチいっちゃうんだよな
今日さ 仕事で あいつがさ まったくはかどんなくて
グチ グチ
だけど翔子は
嫌な顔しないできいてくれる
小島さんとこの奥さんって いつもニコニコしてていいですよね～
ただニコニコしてそれだけだよ
それだけで十分じゃないですか！ あこがれるな～
でもさ
なんかちがうんだよ

うちの
母親なんかさ
宿題やったの？
すごくこわくて
やさしい笑顔なんて
覚えてないけど
いつも
バリバリ
仕事してて
それでいて食事も
手抜きしたことなくて
小走りに
仕事に出かけていく
姿が好きだった
そんな姿が
やきついてる
ムク
あれ？
ここにあった
アイスは？
あっ
あれ？
子どもたちが
たべちゃった…

えー オレ 楽しみに してたのに
ごめんね 明日 買ってくる
人が 一生懸命 働いてきたの にさ
ごめん ごめん
ちぇ――
うちの 奥さんは
たしかに ニコニコ している
けど
なんか ちがう
ウソ くさい
同じので いいかな?
パパは チョコのが 好きなんだよね?
メモ しとこ
だって ほら
オレに 聞こえないように
なにか つぶやいてる

【第12話】同級生

ああ…
仕事
行きたくない
オレは
あと何年
働かなきゃ
ならないんだ
ヴィ
でも
オレが
働かないと
家のローン
払えないし
飯くえないし
いって
らっしゃい
気を
つけてね
ムカ
妻の
笑顔に
ムカつくなんて
オレだけ
だろうか?
子育てと家事だけ
してれば
いいなんて

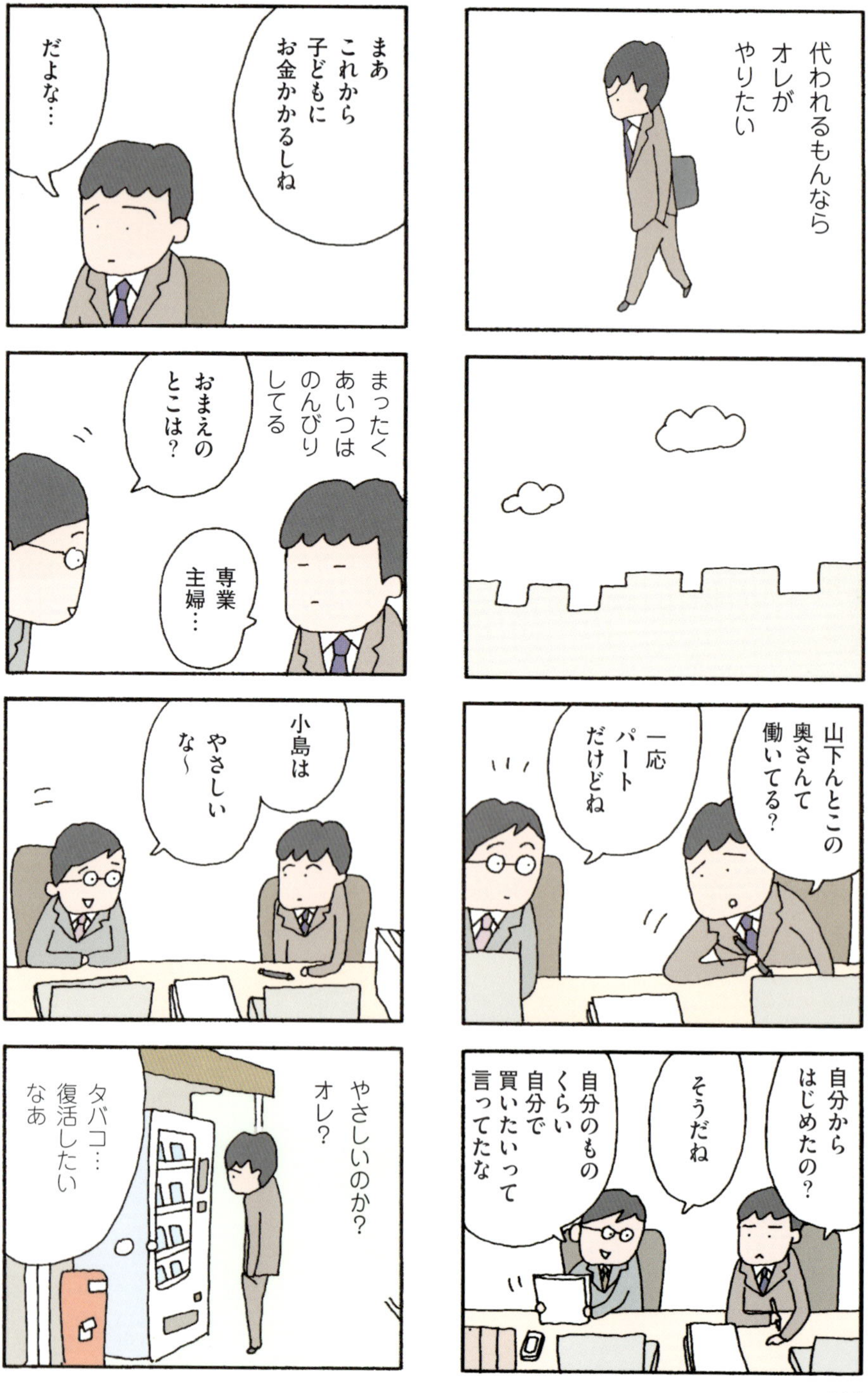
代われるもんなら
オレが
やりたい
山下んとこの
奥さんて
働いてる？
一応
パート
だけどね
自分から
はじめたの？
そうだね
自分のもの
くらい
自分で
買いたいって
言ってたな
まあ
これから
子どもに
お金かかるしね
だよな…
まったく
あいつは
のんびり
してる
おまえの
とこは？
専業
主婦…
小島は
やさしい
な〜
やさしいのか？
オレ？
タバコ…
復活したい
なあ

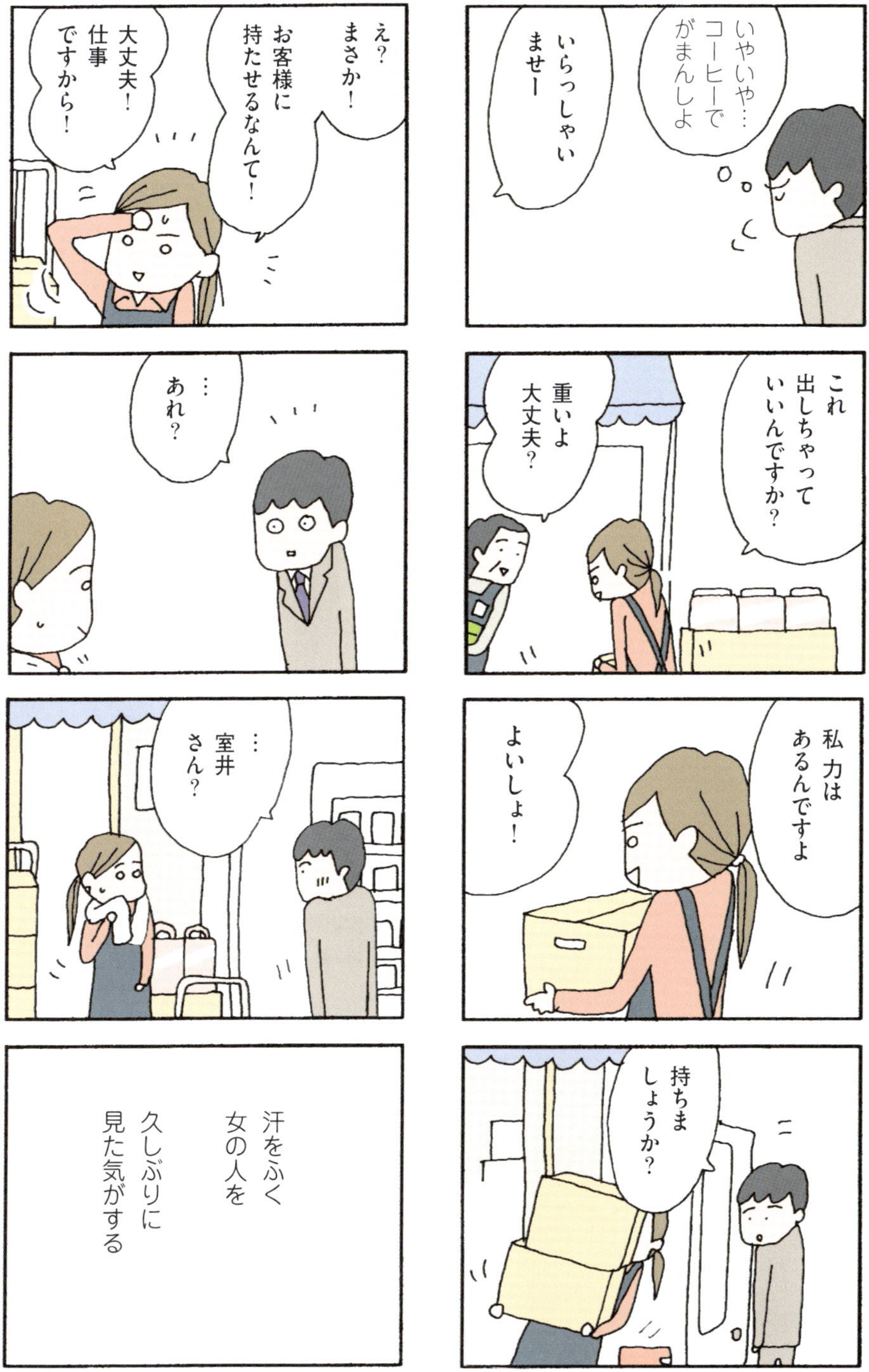
いやいや… コーヒーで がまんしよ
いらっしゃいませー
これ 出しちゃって いいんですか?
重いよ 大丈夫?
私 力は あるんですよ
よいしょ!
持ちましょうか?
え? まさか! お客様に 持たせるなんて!
大丈夫! 仕事 ですから!
…あれ?
…室井 さん?
汗をふく 女の人を 久しぶりに 見た気がする

【第13話】想 定

ここで働いてるの？
オ オレの会社すぐそこなんだ
私最近この町に引越してきたの
ここも入ったばっかり よろしく！
高校のとき同じクラスだった室井さん
変わってないなー…
あ タバコ？
あ いや タバコはやめたんだ
子どもにも悪いし
へー小島くんパパなんだ
いいパパだなあ
室井さんは？
息子が一人 4歳
あ うちと同じ
ふうん でも私
バツイチ
なったばっかり
えっ？
ふふっ がんばって仕事しなきゃ

あっ
ここの他にも夜仕事してんだけど
よかったら来て
ここパートなんだ
それだけじゃやってけないからね
2つも仕事？
…すごいなぁ室井さん
ウチのヨメなんか育児と家事そんだけ
なにいってんのよ〝そんだけ〟じゃないよ
え？
仕事はだいたい何時から何時までってきまってるけどさ
ママってのはさー24時間年中無休で
家のこと子どものこと死なないようにさむくないようにお腹すかないように

ずーっとだもん
そりゃ大変よ
専業主婦なめんなよ
ポン
ぱちくり
…
さっ仕事仕事
じゃね
今日の
夕メシなんだろ
翔子と違って
キラキラしてた

【4章】

私はなんで
いつも
笑ってるんだろう

#【第14話】日常

小島さん どうかしら? 衣装係
花ちゃんママ 一緒にやろうよ
ううん お願いします
じゃあ 衣装係 決まりね!
本当は ほかの係が よかったけど…
裁縫 苦手…
でもマミちゃんの ママが声かけて くれたし
断ったら カンジ 悪いよね?
江波さん 今日 こなかったね
江波さんて いつも 仕事が… っていうけど
お仕事してても 頑張って くれてる人 いるのにね 一度くらいは なにかやって もらわないとね~
きゃっ きゃっ
おつかれ さま
じゃあ また
バイ バイ
係 頑張ろうね
女の集団は 大人になっても 母親になっても やっぱり なんだか 苦手…
頑張れ 私
笑顔 笑顔

え？ 幼稚園の 係？
うん 何回か打ち合わせで 夜 集まりが あったりする みたいなの
ふーん …たのしそう だね
「君は 気楽で いいね」って カオ…
花も いきたい！
ぼくも！
パパと お留守番してて いいんだよ
連れてって いいなら 連れてけよ
ぼんっ
面倒みて くれたって いいのになぁ
あっ
ソファの上に 物のせる なよ
ゴロン
クマくんが すわってたのに！
パパだって すわりたいの

花
パパお仕事で疲れてるから
クマくんと花はママと絵本読もうか?
なんでこんな大きなクマ?
もう少し小さくたっていいのに
ボソッ
私の弟が花の誕生日に贈ってくれたクマ
ぎゅう
すると
丘のむこうからいっぴきのうさぎが…
私
外でも家でも気を使っている
くら…
私はなんでいつも笑ってるんだろう?

【第15話】こわれる

このごろ
掃除しなきゃ
洗濯しなきゃ
ごはん何作ろう
頭がグルグルする
このごろ
夫が帰ってくるのがこわい
そう思ってる自分がいる
味うすこれ
70点かな～

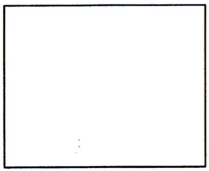

ばんっ
塩とって
ママー おかわり
はい はい
あ ごめん 手 すべった…
いつか
自分が こわれるような 気がする
おまえは ボケ～っと してるからなぁ
だから 料理もボケ～と した味に なんだよ
ううん
もう こわれはじめてる 気がする

【第16話】予感

ちょっと出かけてくる
ぼくもいく
ダメ会社の人と会うから
ママにあそんでもらいいな
ママと公園行こっか？
バタン
夫はこのごろ休日一人で出かけたりする
夫がいない休日
キャー
キャー
ママーみててねー
みてるよー
でもちょっとスッキリ
あっどうしておくつに水入れてるの？
バケツないもんじゃーっ
はーちゃんのあるでしょ

だって今まんたんだもん
花のもみてー
みてみてすごいのできた
すごいねえ…
優くんそんなんでどうやってお家帰るのよ
ママがオンブする
いやあよ
はいママどーぞ
いっぱいあそんだね…
はーーつかれた…
バタン…
どこに行ってたの？…
そんなこときいたらきっと「いちいちいいだろっ」って怒られる
…
…？

？ 何？
おまえって化粧してる？
え？ほぼしてないけど？
だよな…
なんで？
いや… べつに…
何？ その小さなためいき？
あ オレ 今日 帰り遅くなるから メシいいや
私 誰かと 比べられてる？
うん わかった
いって きます
このごろ
いって らっしゃい
夫が 何か 違う気がする

【第17話】点数

はい これ おみやげ
やったー おみやげだ！
ジュースだ！
どうしたの？
どう見ても夫のシュミじゃない
Juice
高校のときの同級生がさ会社の近くの店で働いてて
付き合いで買った
そうなんだ
もも～オレンジ～
ノルマがあるらしくてさ
パートで働いてるのにノルマとか大変だよな
パートでもノルマあるの？
強制じゃないらしいけどね
やっぱノルマ達成すればあとあといいみたいよ

ふーん
そうなんだ
これ!
室井っていうんだけど一人で子ども育ててさ
がんばってるよ
感心する
おまえだったら一人で仕事して子育てしてってできる?
ムリだな
フッ
パパ
ブドウのいっしょにのもう
花
うさぎのコップね
ぼくきりんの
パパはー
ぞうさん
パオ〜

おいしいね
おいしいね
ねー
かんぱーい
このジュースは
何点?
私
気の利かない
ボケーッとした
ダメな人間だけど
(あなたは
そう思って
いるのよね?)
パパ もう ないの?
気が付かなくても
いいような
よけいなことは
ももの ジュース いかがですか
敏感に
察知してしまう
気がする

【第18話】心の奥

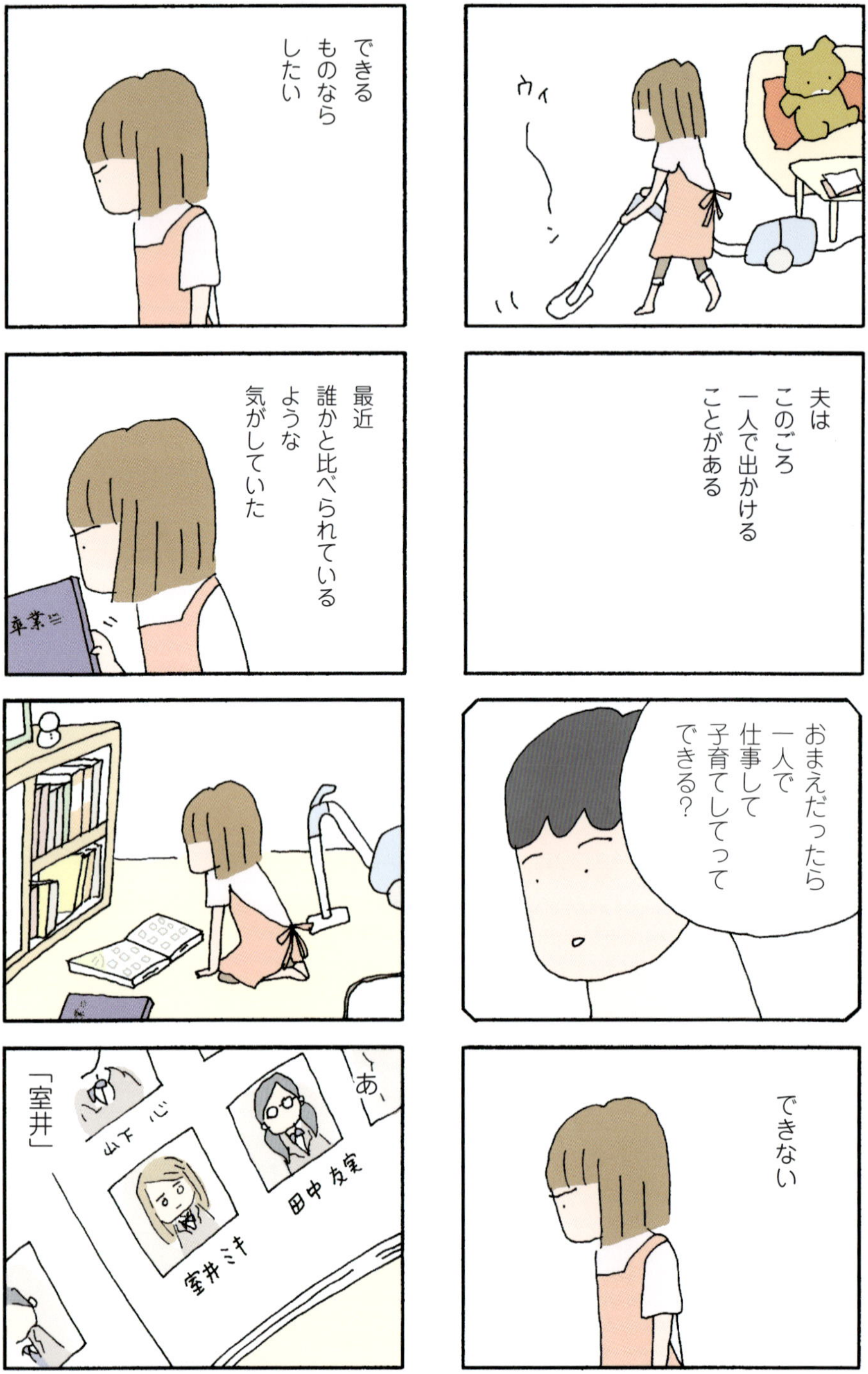

ウィ〜ン
夫は このごろ 一人で出かける ことがある
おまえだったら 一人で 仕事して 子育てしてって できる？
できない
できる ものなら したい
最近 誰かと比べられている ような 気がしていた
あ
「室井」
山下 心
田中 友実
室井 ミキ

「室井ミキ」
田中
室井ミキ
名前どうしよう
女の子らしいかわいい名前がいいな
「ミキ」は？
花の名前を付けるとき夫が候補に出した名前
最近シングルマザーって多いよね
花たちの幼稚園でも何人かいる
パパの同級生もそうだっけ？
ほらジュースの

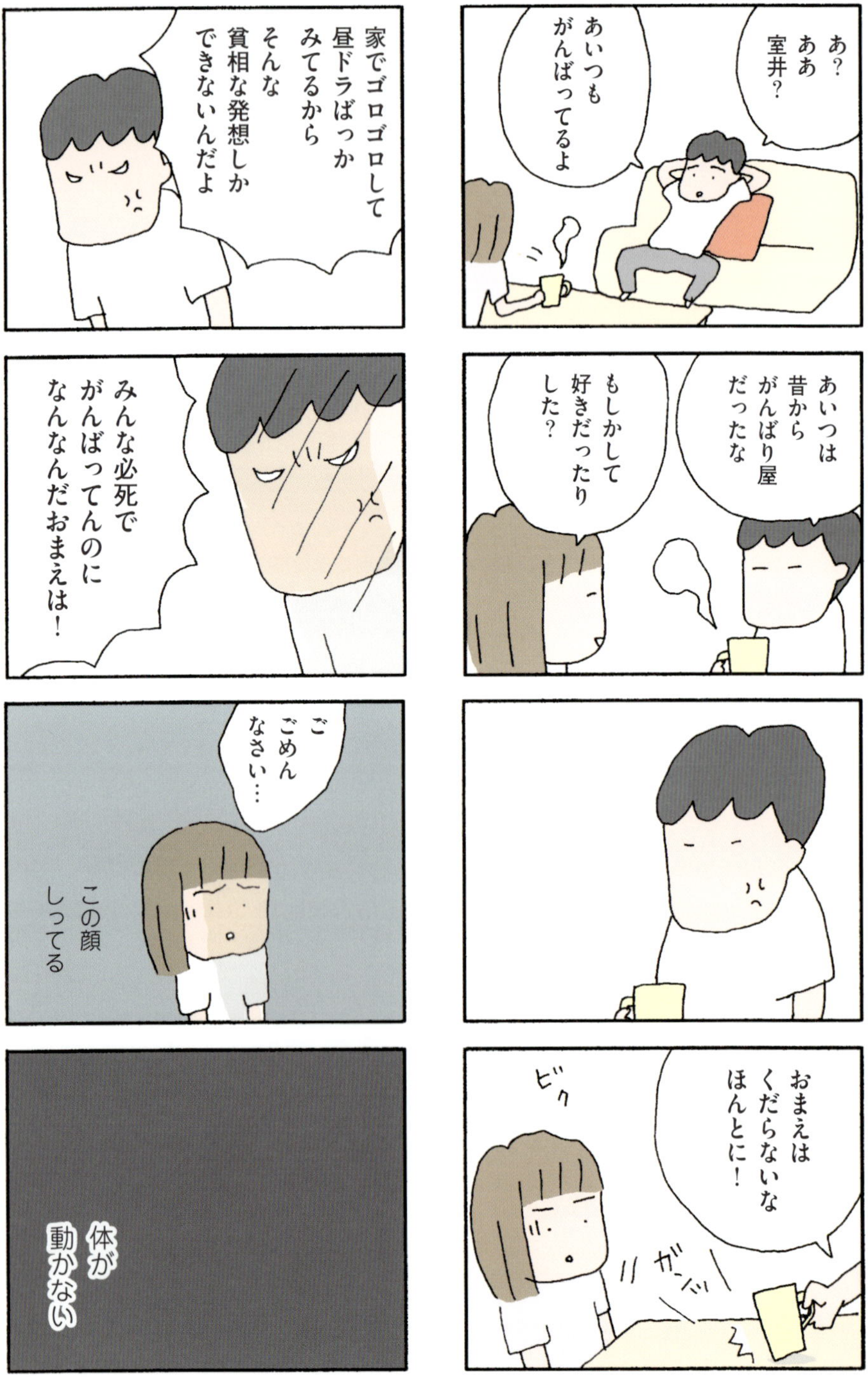
あ？
ああ
室井？
あいつも
がんばってるよ
あいつは
昔から
がんばり屋
だったな
もしかして
好きだったりした？
おまえは
くだらないな
ほんとに！
ビク
ガンッ
家でゴロゴロして
昼ドラばっか
みてるから
そんな
貧相な発想しか
できないんだよ
みんな必死で
がんばってんのに
なんなんだおまえは！
ご
ごめん
なさい…
この顔
しってる
体が
動かない

【第19話】確信

ナオくん もっとー
きゃっ きゃっ
次 花も！
ママー みてー
ナオくん すごい でしょ
楽しそうねー
あ あれ 私の 弟なの
いいわねー
ぼくもー
きゃっ きゃっ
よおし
夫が あんなに怒るって ことは
「そういうこと」 なんだと思う
ムリだな
フッ
「室井さん」と 私を比べて
その結果 「くだらない」 「私」

くだらないの？
私が？
えー
きゃはは
きゃはは
もう
いっかい
大丈夫
このごろ
ダンナ帰り
おそいから
近くまで
来たんなら
家にもよってけば
いいのに
いいよ
時間
ないし
あ
じゃあ
行けば
よかった…
え？
久しぶりに
花と優の顔
見られてよかった
あー
汗かい
ちゃった
ナオくん
うちでごはん
たべて
いきなよ
ウソ
ウソ
このあと
予定あるし
うん
今度
ゆっくり
あそび
きて
ごめん
今度ね
あ もう
こんな時間
姉ちゃんも
そろそろ
ごはんの支度とか
あるんじゃないの？
えーー
ちぇー
…
姉ちゃん
元気？

え
元気だよ
そう？
ならいいんだけど
ナオくん
バイバーイ
またねー
弟には言えない
友だちにだって
親にだって
言えない
言いたくない
やばい
泣きそう
夫はあの人のところへ行ってるのかもしれない
でもね
嫉妬じゃない
嫉妬がない
私 夫に対して
もうとっくに
愛なんてない
もっと
ナオくんと
あそびたかった
なー
またすぐ
あそびに
きてくれるよ
くやしくて
たまらないのは
「くだらない」
って
言われたこと
別れたい
別れたい
別れたい
別れたいのに
別れたいけど

【第20話】断 念

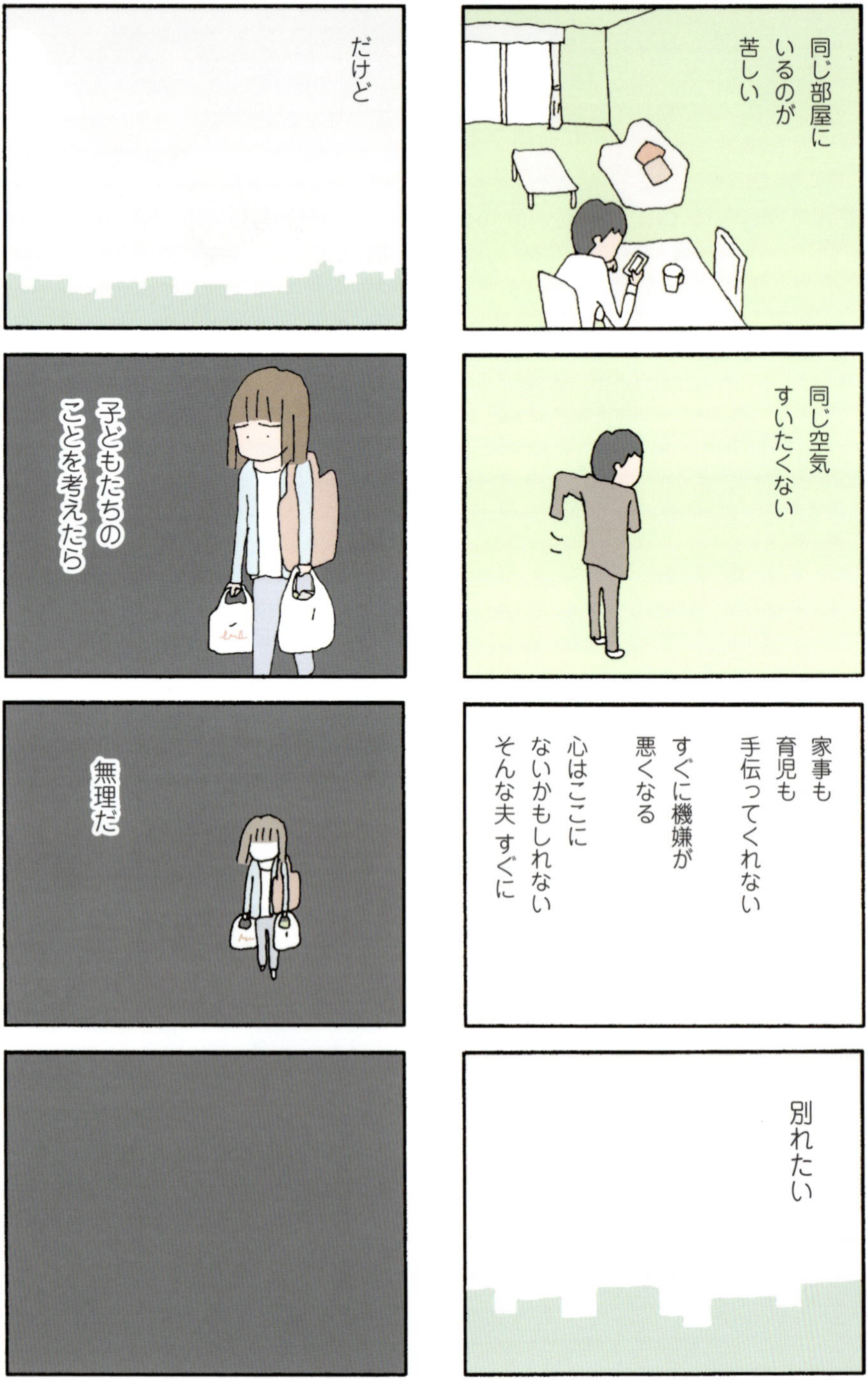

同じ部屋に
いるのが
苦しい
同じ空気
すいたくない
家事も
育児も
手伝ってくれない
すぐに機嫌が
悪くなる
心はここに
ないかもしれない
そんな夫 すぐに
別れたい
だけど
子どもたちの
ことを考えたら
無理だ

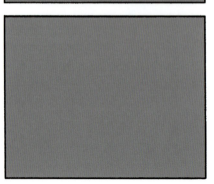

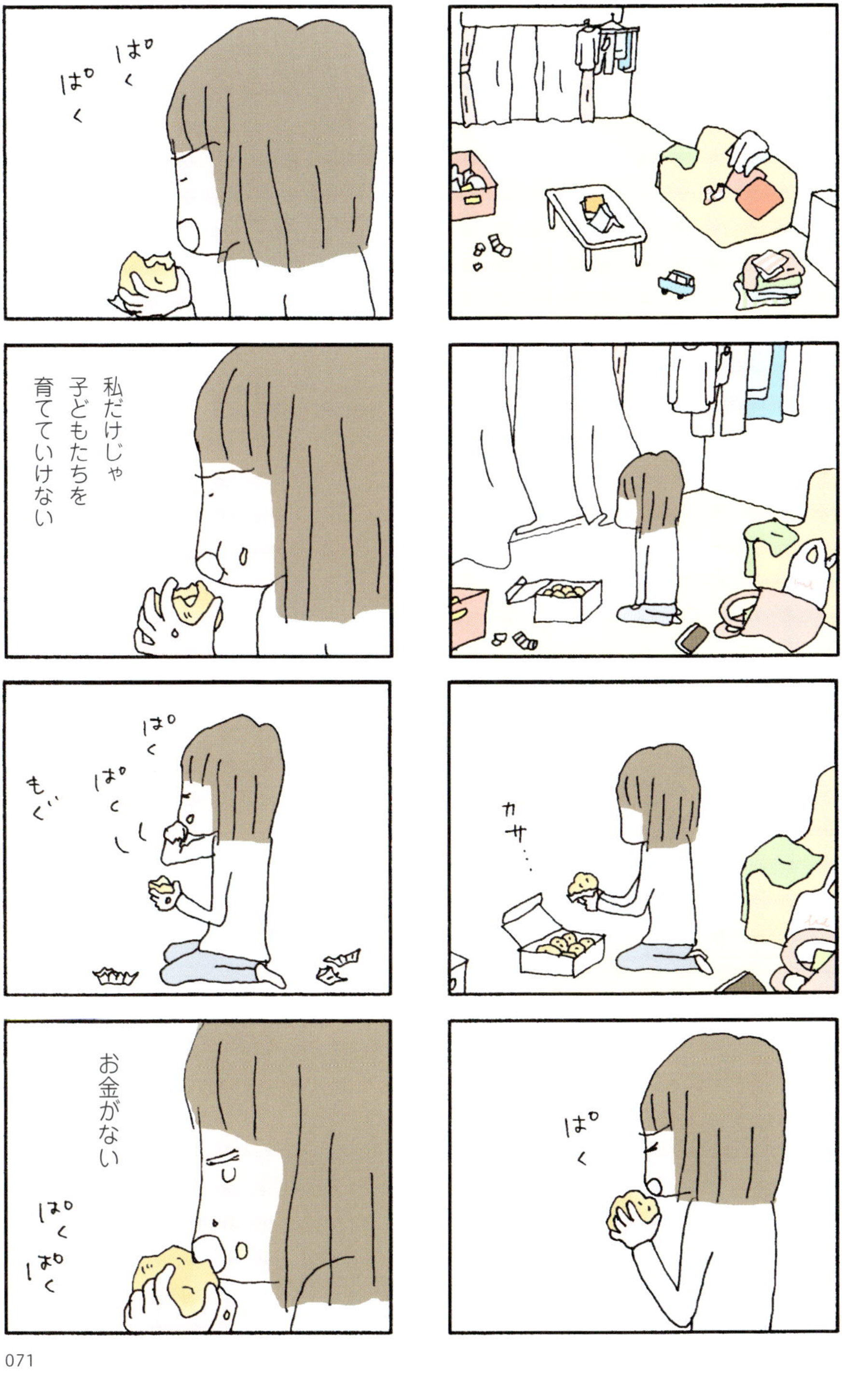
カサ…
ぱく
ぱく
ぱく
私だけじゃ
子どもたちを
育てていけない
ぱく
ぱく
もぐ
お金がない
ぱく
ぱく

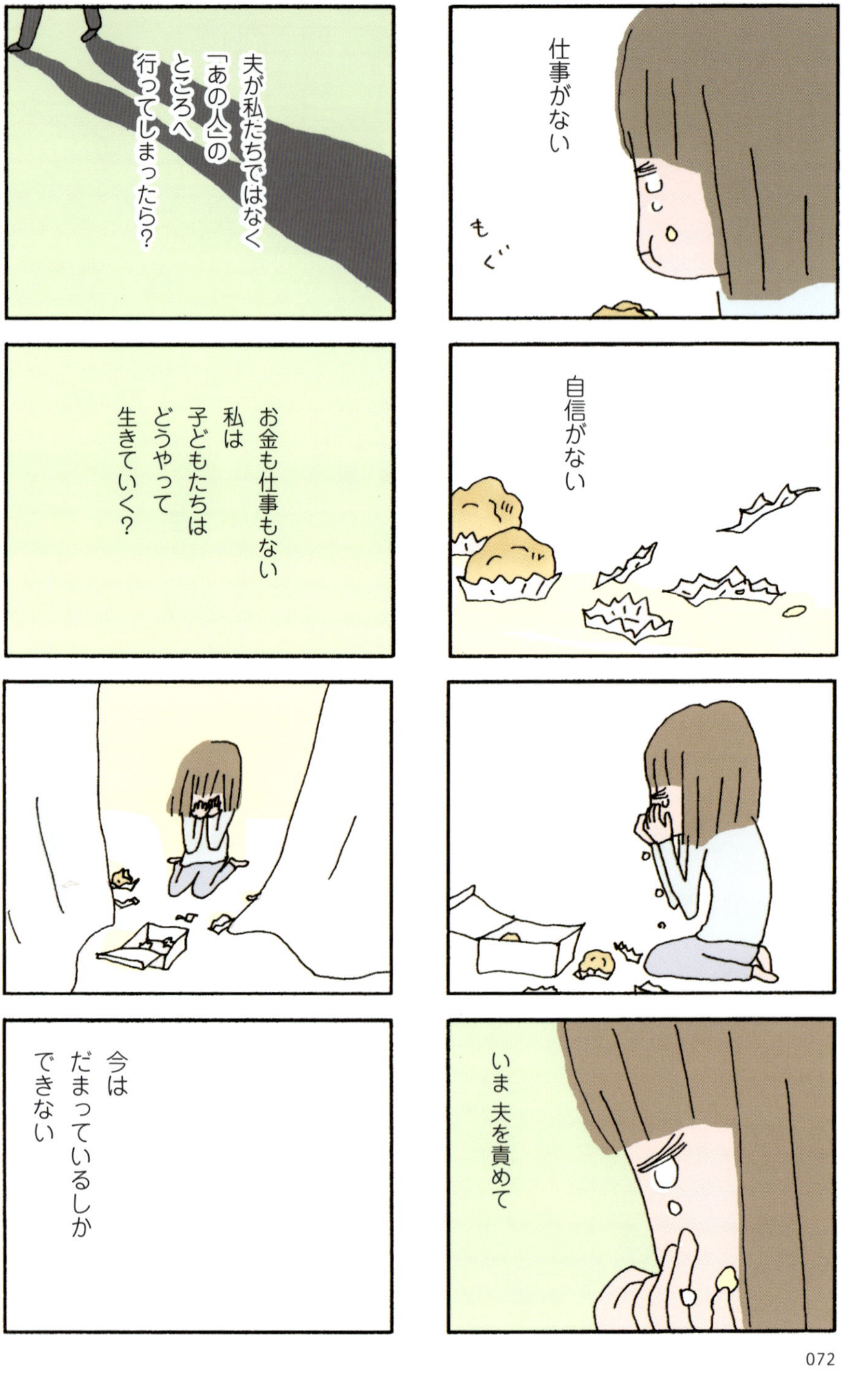
仕事がない
もぐ
夫が私たちではなく
「あの人」の
ところへ
行ってしまったら?
自信がない
お金も仕事もない
私は
子どもたちは
どうやって
生きていく?
いま 夫を責めて
今は
だまっているしか
できない

【5章】

本当の私はいったいどんな人間なのかな

【第21話】限界

このごろへんだ
めまいがする
ママー大丈夫？
う…うん
動悸がする
こんな顔だっけ？私？
○○病院
おいっ優が牛乳こぼしたぞ
うーんどこも異常ないですねー
ごめんなさい…
ふざけてるからだぞったく
服は？大丈夫？
え…
こんなにつらいのに？
これストレスじゃないかなあ

思いあたること ない？
ドキン
……
一度 心療内科に 行ってみると いいね
そういえば だいぶ前から めまいは していた
心療内科
まさか こんなところに くるとは…
誰か知り合いに 会ったら やだなあ…
ストレス…
ストレス いっぱいたまってる たまりまくり
ここに 来たら 夫と戦える いい薬でも 出してもらえるん だろうか？

お
お願いします
どんな
具合ですか?
体調が
悪くて病院で
みてもらったん
ですけど
どこも
悪くなくて
…ストレスじゃ
ないかって…
そう
なんですね
なにか
思いあたることは
ありますか?
ドキ
ドキ
……
言って
いいんだろうか?
ここでは
なんでも
話して
いいんですよ
……
夫と
いるのが
…苦しくて
夫と
いるのが
苦しくて
たまらない

【第22話】崩壊寸前

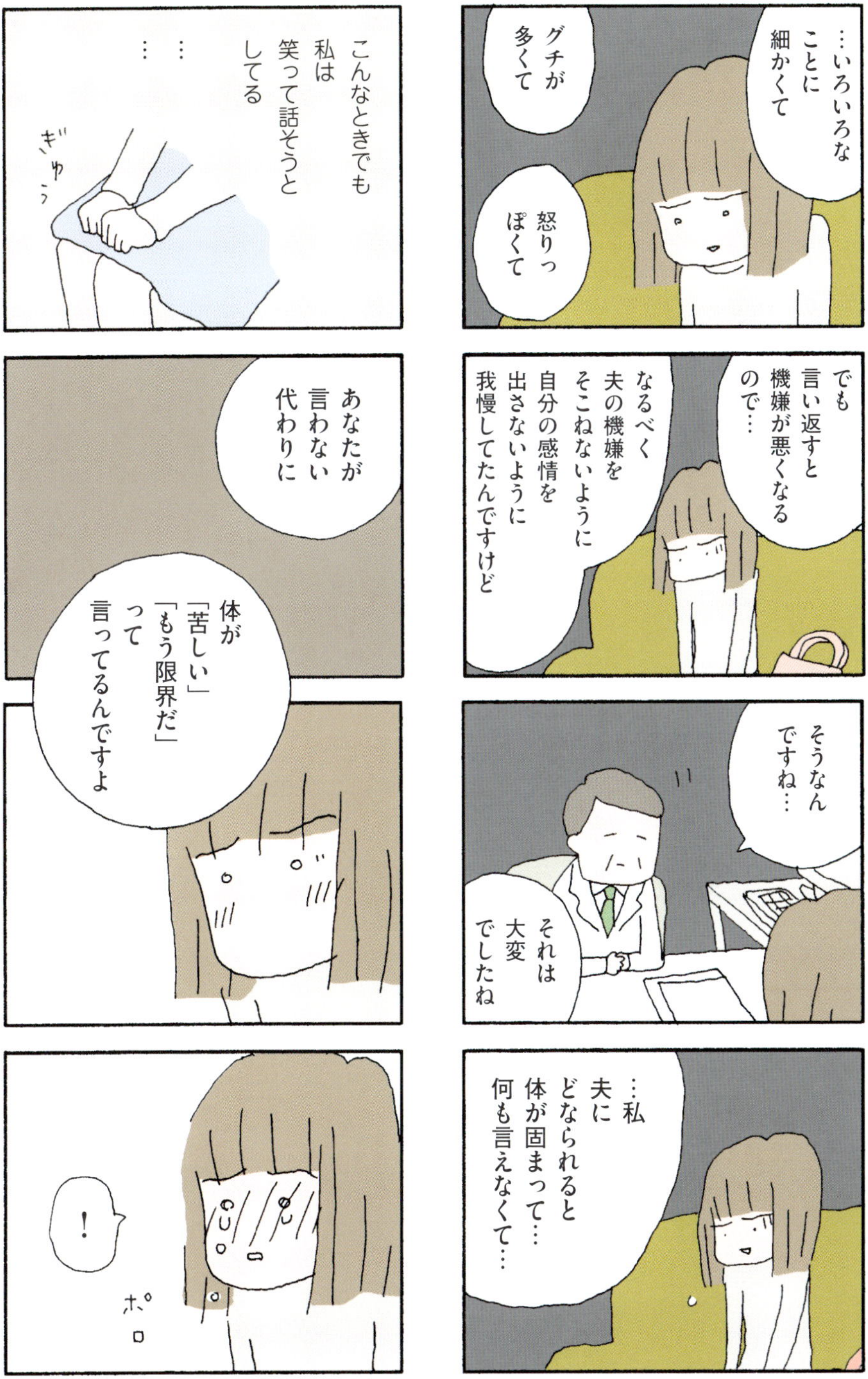
…いろいろな ことに 細かくて
グチが 多くて
怒りっ ぽくて
でも 言い返すと 機嫌が悪くなる ので…
なるべく 夫の機嫌を そこねないように 自分の感情を 出さないように 我慢してたんですけど
そうなん ですね…
それは 大変 でしたね
…私 夫に どなられると 体が固まって… 何も言えなくて…
こんなときでも 私は 笑って話そうと してる
… …
ぎゅぅ
あなたが 言わない 代わりに
体が 「苦しい」 「もう限界だ」 って 言ってるんですよ
!
ポロ

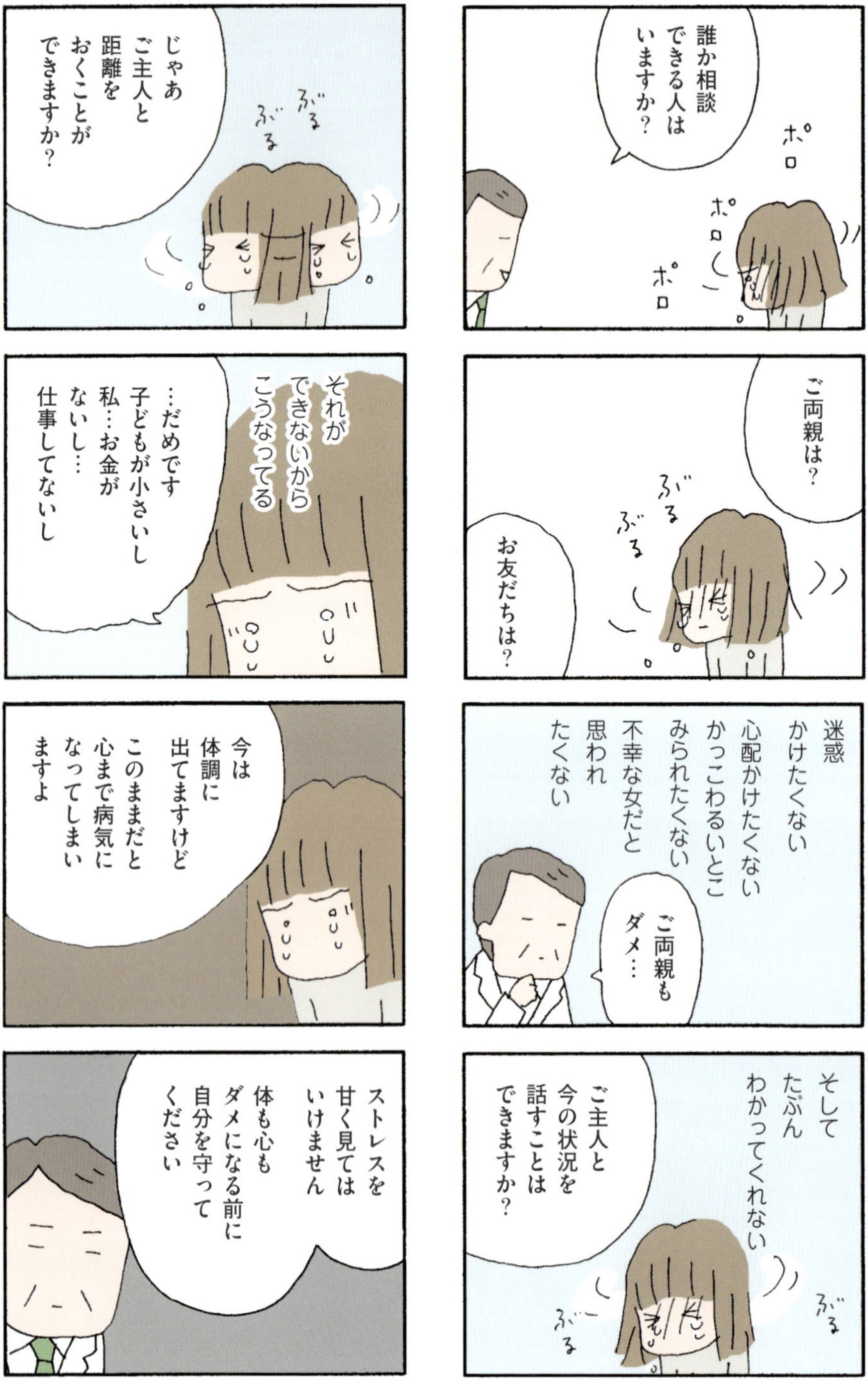
誰か相談できる人はいますか？
ポロ
ポロ
ポロ
ご両親は？
ぶるぶる
お友だちは？
迷惑かけたくない
心配かけたくない
かっこわるいとこみられたくない
不幸な女だと思われたくない
ご両親もダメ…
そしてたぶんわかってくれない
ご主人と今の状況を話すことはできますか？
ぶるぶる
じゃあご主人と距離をおくことができますか？
ぶるぶる
…だめです
子どもが小さいし
私…お金がないし…
仕事してないし
それができないからこうなってる
今は体調に出てますけど
このままだと心まで病気になってしまいますよ
ストレスを甘く見てはいけません
体も心もダメになる前に自分を守ってください

ストレスをなくすかストレスから離れるか逃げるかどれもできないのであれば
仕事…
あなた自身がストレスに立ち向える力をつけてください
そうです
ニコ
まずあなたは仕事を探してください
…それとご主人の他に自分を抑え込んでしまったり怒られると体が固まる相手っていないですか?
自分自身で生きる力をつけてください
…え?

【第23話】涙

ごくん
体調に出てしまうほど私はストレスためてたんだなあ…
…
ふぅ
ゴロン
ご主人の他に自分を抑え込んでしまったり怒られると体が固まる相手っていないですか？
え？
そんな人…？
あ 父親…
そうですかお父さん…
気づいてないかもしれないけど小さいころからそういうふうに訓練されてる可能性があります

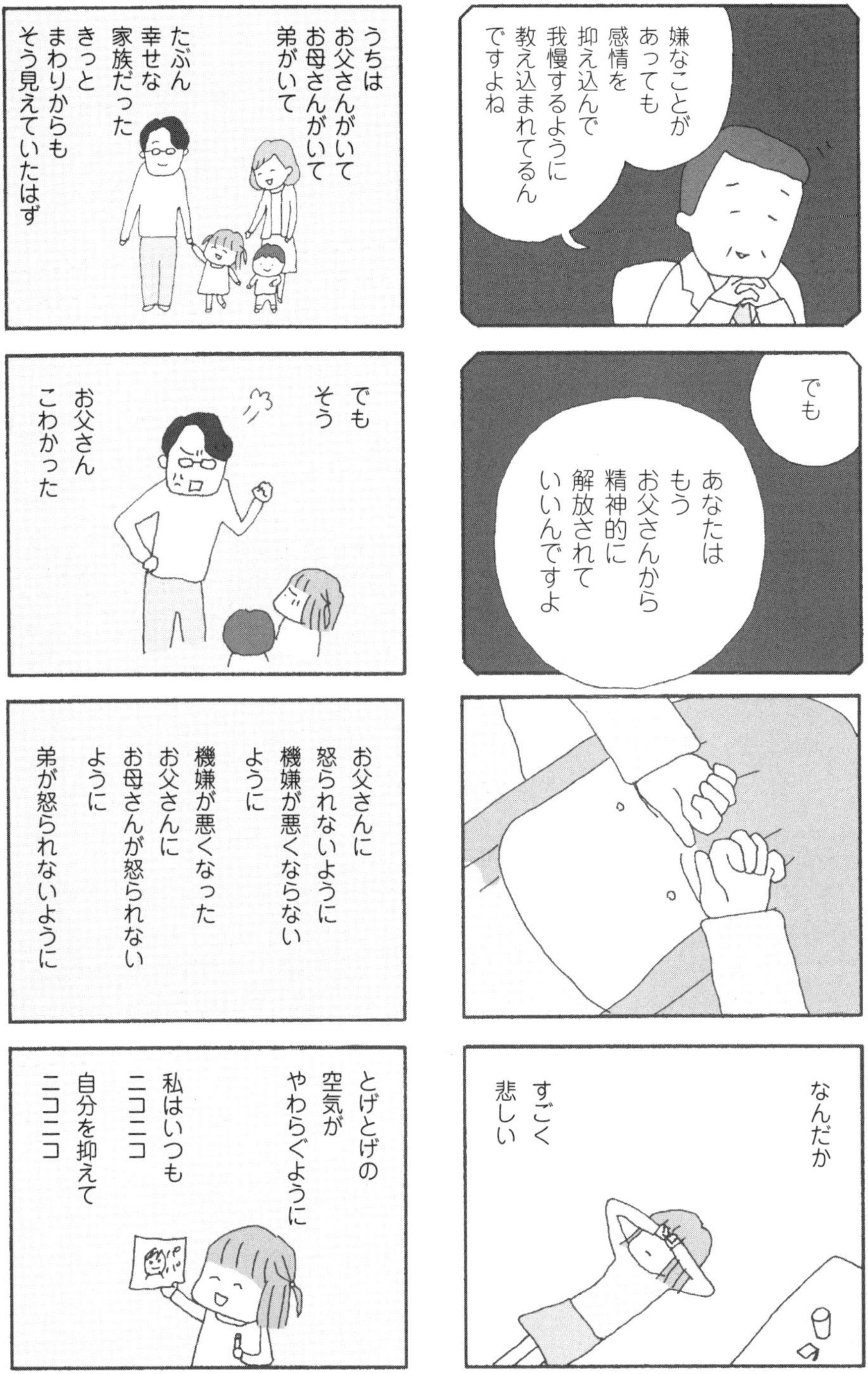
嫌なことが
あっても
感情を
抑え込んで
我慢するように
教え込まれてるん
ですよね
でも
あなたは
もう
お父さんから
精神的に
解放されて
いいんですよ
なんだか
すごく
悲しい
うちは
お父さんがいて
お母さんがいて
弟がいて
たぶん
幸せな
家族だった
きっと
まわりからも
そう見えていたはず
でも
そう
お父さん
こわかった
お父さんに
怒られないように
機嫌が悪くならない
ように
機嫌が悪くなった
お父さんに
お母さんが怒られない
ように
弟が怒られないように
とげとげの
空気が
やわらぐように
私はいつも
ニコニコ
自分を抑えて
ニコニコ
パパ

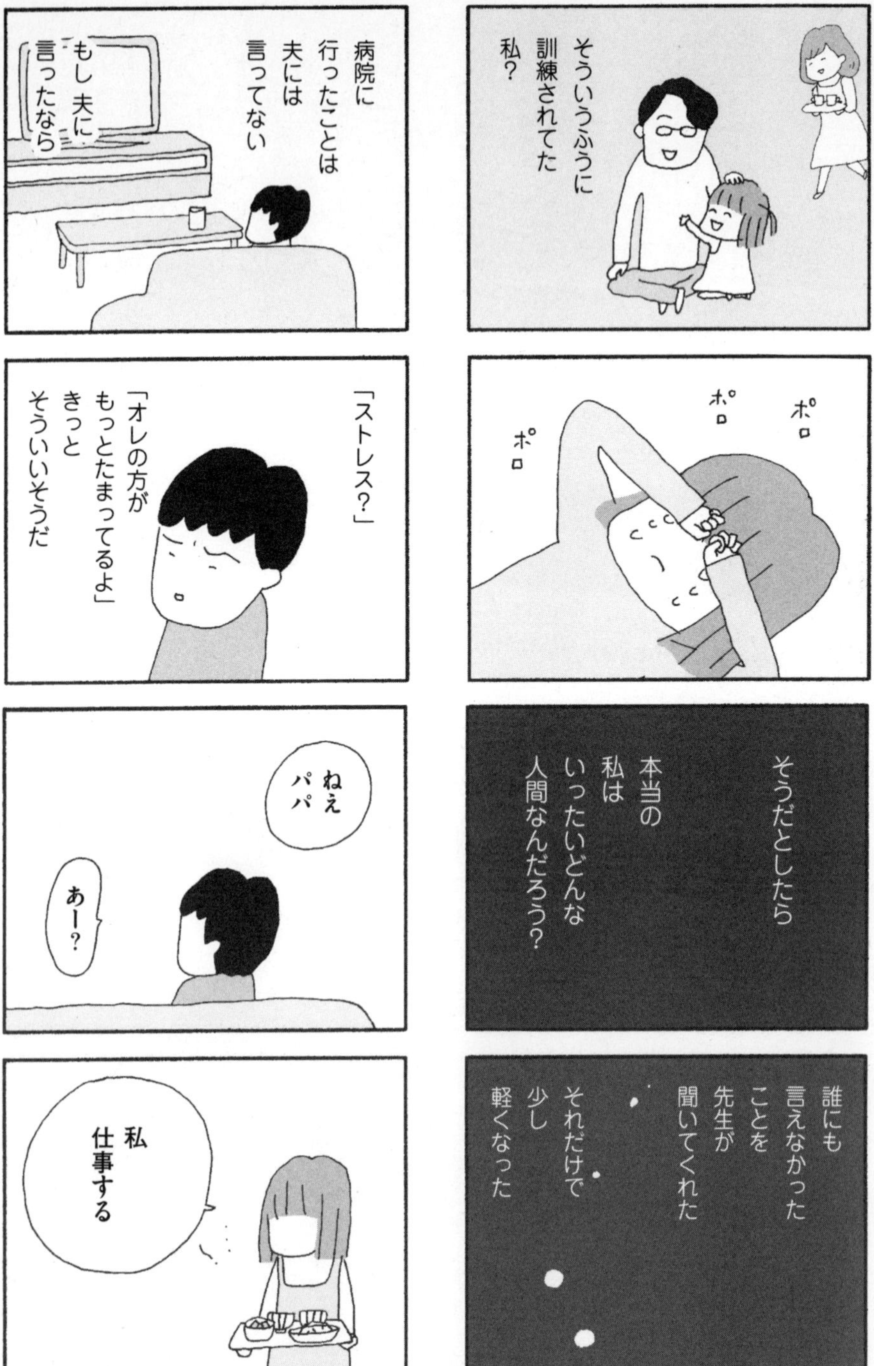

そういうふうに訓練されてた私？
ポロ
ポロ
ポロ
そうだとしたら
本当の私はいったいどんな人間なんだろう？
誰にも言えなかったことを先生が聞いてくれた
それだけで少し軽くなった
病院に行ったことは夫には言ってない
もし夫に言ったなら
「ストレス？」
「オレの方がもっとたまってるよ」
きっとそういいそうだ
ねえパパ
あー？
私仕事する

【第24話】決 心

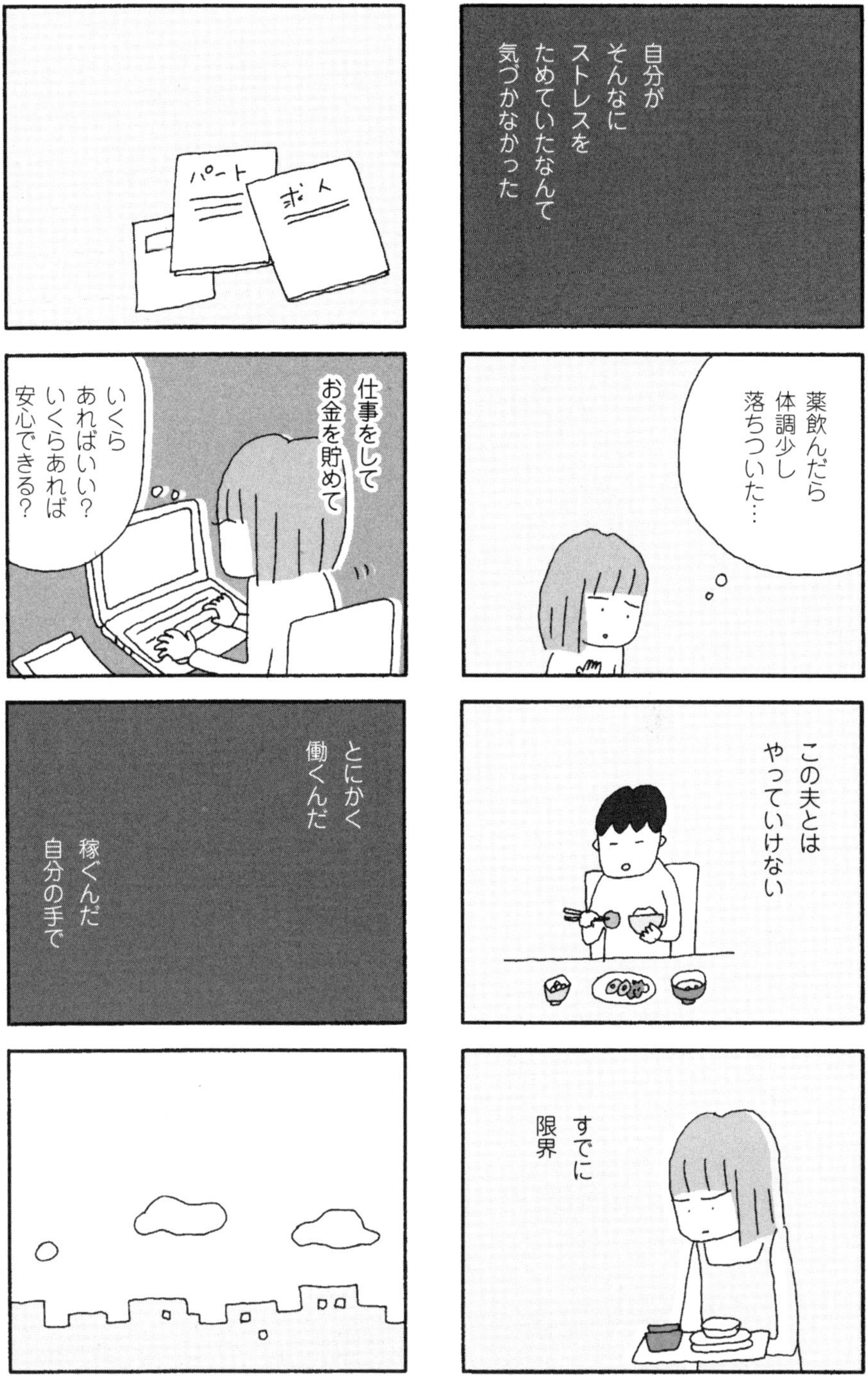
自分が
そんなに
ストレスを
ためていたなんて
気づかなかった
薬飲んだら
体調少し
落ちついた…
この夫とは
やっていけない
すでに
限界
パート
求人
仕事をして
お金を貯めて
いくら
あればいい？
いくらあれば
安心できる？
とにかく
働くんだ
稼ぐんだ
自分の手で

また
ダメか…
ぱー……
不採用…
うわさには聞いていたけど
なかなか仕事が決まらない
前の会社やめなきゃよかった…?
やっぱり私には無理?
いや
ダメだ
ダメだ
フル
フル
おい
これなんだよ
シワになってるじゃないかよ
あ…
すぐアイロンかけるね
いいよ
もう
他ので
ったく
ブツ
ブツ
ヒマなくせに
ムカッ
行ってくる

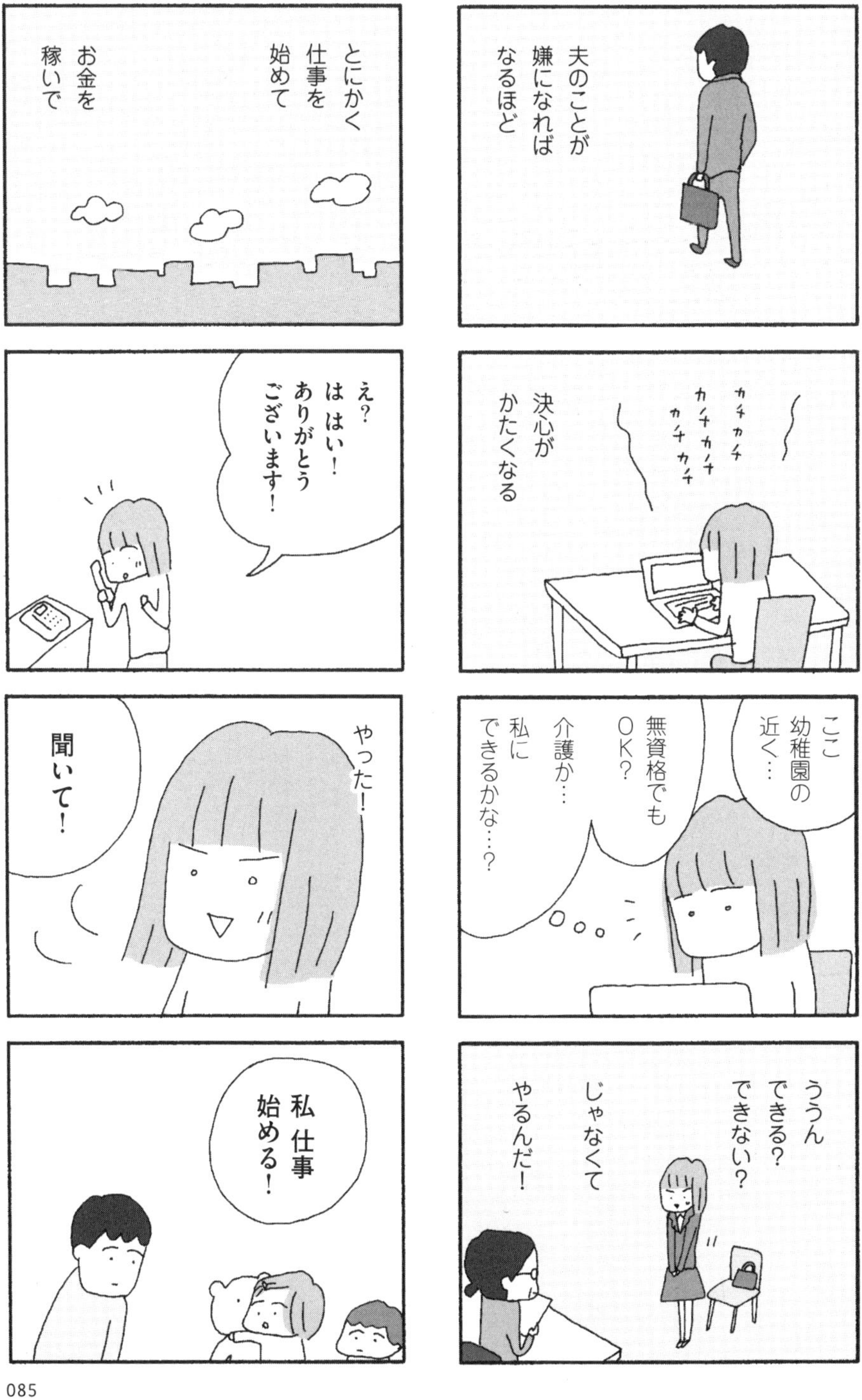
夫のことが
嫌になれば
なるほど
カチカチ
カチカチ
カチカチ
決心が
かたくなる
ここ
幼稚園の
近く…
無資格でも
OK?
介護か…
私に
できるかな…?
ううん
できる?
できない?
じゃなくて
やるんだ!
とにかく
仕事を
始めて
お金を
稼いで
え?
はは い!
ありがとう
ございます!
やった!
聞いて!
私 仕事
始める!

——出勤当日
きょうから えんちょーに なるの？
うん タッくんとか ユアちゃんと 一緒だよ
介護の 仕事って… できるわけ？
はーちゃんも 優ももう 大きいし
これから いろいろ お金かかるん だし 私も がんばるよ
…ふーん
優くん お着替え できたー？
早く 早く
そう これから いろいろお金が 必要だから
オレの くつしたは？
自分で 持ってきて
え
花じぶんで できるよ
優 それちがう ずれてる！ こう！
はーちゃん ありがと！ たすかる～
バタ バタ

ぼく じぶんで できる！
これからは 今までと 違うんだから パパも協力してね
行って くる
行って らっしゃーい
え？ 玄関までの 見送り… なし？
あいつに… できんのか？ フルタイムパート なんて…
しかも 介護？
翔子も 仕事すればって 思ってたけど… いざとなると 面倒くさそう…
なんだよ 協力 って
まあ フルタイムとはいえ パートだしな たいしたこと ないだろ
ヨソの奥さん だって やってん だし
花ちゃん 優くん 今日から 延長ね
よろしく お願い します
ママ がんばっ てね

いってらっしゃーい
延長も申し込めたし
仲のいい子も一緒だし
大丈夫…
はーちゃん
優ごめん
ママがんばるから
今日から
お世話に
なります
小島翔子です
よろしく
お願いします
じゃあまず
朝一でやること
なんだけど
家とは
別の世界
はい
夫の存在が
急に薄らぐ
…小島さんは
資格はなにも
ないのね
はは はい
求人に資格なしでいい
って書いてあったんで
私にもできるかなって
心配だったん
ですけど…
が がんばり
ます!
うん
うん
よろしくね
ニコ

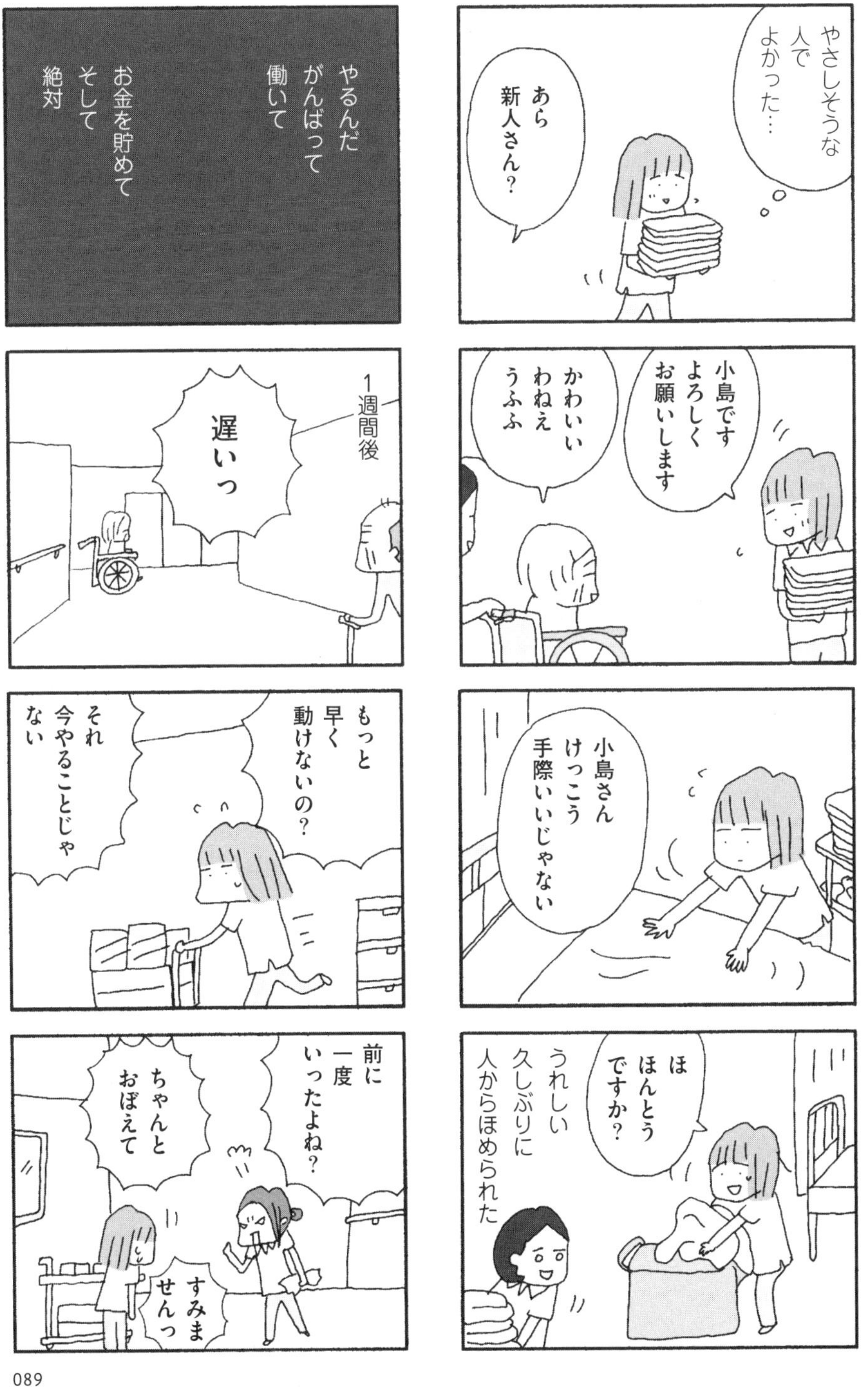
やさしそうな人でよかった…
あら新人さん？
小島ですよろしくお願いします
かわいいわねえうふふ
小島さんけっこう手際いいじゃない
ほほんとうですか？
うれしい久しぶりに人からほめられた
やるんだ
がんばって働いて
お金を貯めて
そして絶対
1週間後
遅いっ
もっと早く動けないの？
それ今やることじゃない
前に一度いったよね？
ちゃんとおぼえて
すみませんっ

人手がたりないからって無資格の人とるのやめてほしいよね
なんも仕事できないじゃん
あまかった
聞こえるように悪口いわれてる…
ほめられたのなんか初日にちょっとだけ
あとは怒られまくり
でも
ぐっ
めげてなんかいられない
よいしょ!!
できることをがんばるんだ
よいしょ
よいしょ
おつかれさまでした
…
つーん

ムシか…
負けるな 私 がんばれ 自分
花優 ごめん おそくなって
うわ めし できてないの?
今 作ってる
バタ バタ
あー ハラ へったー
ゴロン
ねー ママー こうえん いきたい
ダメ 今日は 行けない
えー まえは いってたのに
ママー これやって
ちょっと 待ってね ママ ごはん 作ってるから
パパー お願い
いきたい いきたい こうえん いきたい!!
なに これ?
優ー うるさい
パパ つかれてるから あとで ママにやって もらいな
えー
こー えん!!

うるさい
なあ
なに
イライラ
してんだよ
ムクリ
イラ
イラ
イラッ
自分で
仕事するって
仕事始めたん
だろ？
食事作って
お風呂洗って
洗濯
明日の準備
いろいろ
やること
いっぱいなのに
ヨソの
奥さんは
仕事してても
ちゃんと
やってるよ
パパ
忙しいから
手伝って！
ブチッ

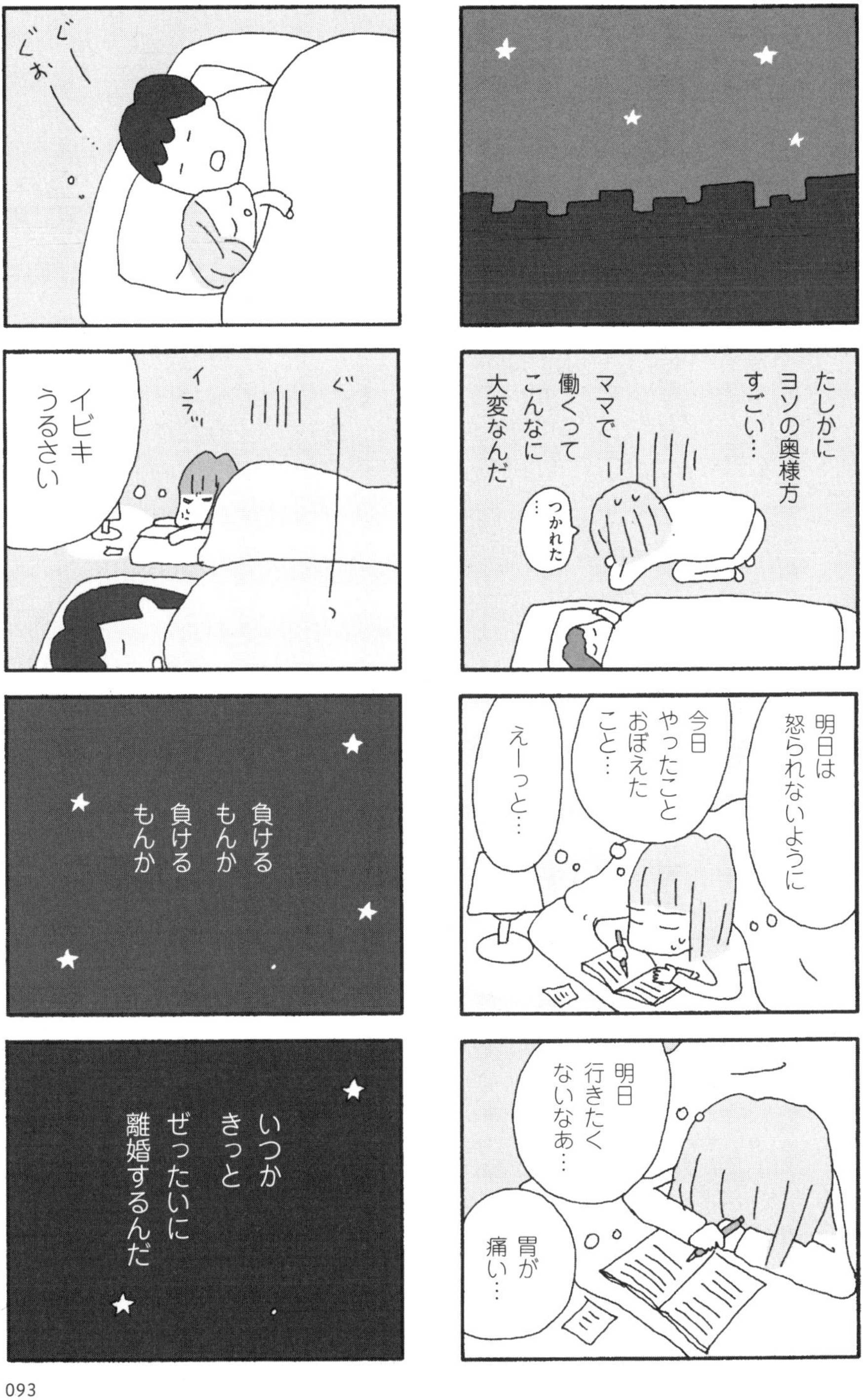
たしかに
ヨソの奥様方
すごい…
ママで
働くって
こんなに
大変なんだ
つかれた…
明日は
怒られないように
今日
やったこと
おぼえた
こと…
えーっと…
明日
行きたく
ないなあ…
胃が
痛い…
ぐ
ぐお…
ぐー
イラッ
イビキ
うるさい
負ける
もんか
負ける
もんか
いつか
きっと
ぜったいに
離婚するんだ

離婚してもいいですか？

翔子の場合

【6章】

自分の気持ちを確認して声に出してみる

【第25話】確認

仕事遅いっ
ホント使えないね
これどうなってんの?!
石原さんはいつも怒ってる
もう少しやさしくいってもらいたい…
でもある意味感心
よくそんなに怒れるなー…
ゴウンゴウン
感情と言葉が直結してる
あーイライラするっ
瞬時に感情が出せるってすごいですよね
ボソッ
導火線が短いってこと?
フフ
えっ
いやその
ぎゃくに小島さんはいつもニコニコおっとり…だもんね
怒ることないの?
もっと早くやろうか
はいっ
パンパン
怒ってないことはないんですけど…
パンパン

子どものころからのクセになってるみたいで
怒り方…わからないっていうか
けっこう悩みなんです…
へー？
たとえばですけど…
もし…だんなさんが浮気してたらどうしますか？
パンッ
えっだんなさん浮気してんの？
たたとえばですけど
私という妻がいながら浮気とかサイテー離婚よ離婚!!
とか？
えっ？離婚するの？
なんでどうして
浮気
えー？浮気くらい許してやんなさいよ
離婚って大変よお
いえいえいえ
たとえばの話…
じゃ暴力とか借金とか？生活費はくれてるの？
え？なになに？

いえ その…
たとえばで…
暴力も借金もないし生活費もくれてます
じゃーいいじゃないよ
ねー
うちだったらごはん1週間ぬき!!
かなー
私だったら…
じゃ私もしちゃお!
かな!
それ!
あはは
ひゃははは
ははは
ってかだんないないし!
見て見て
え?
ペロ
ギクッ
どうしたんですかそれ?
ふふ元夫に刺されたの
えええ
うちDV夫でさそりゃ離婚したくなるでしょ?
やっと逃げ出せたんだ私

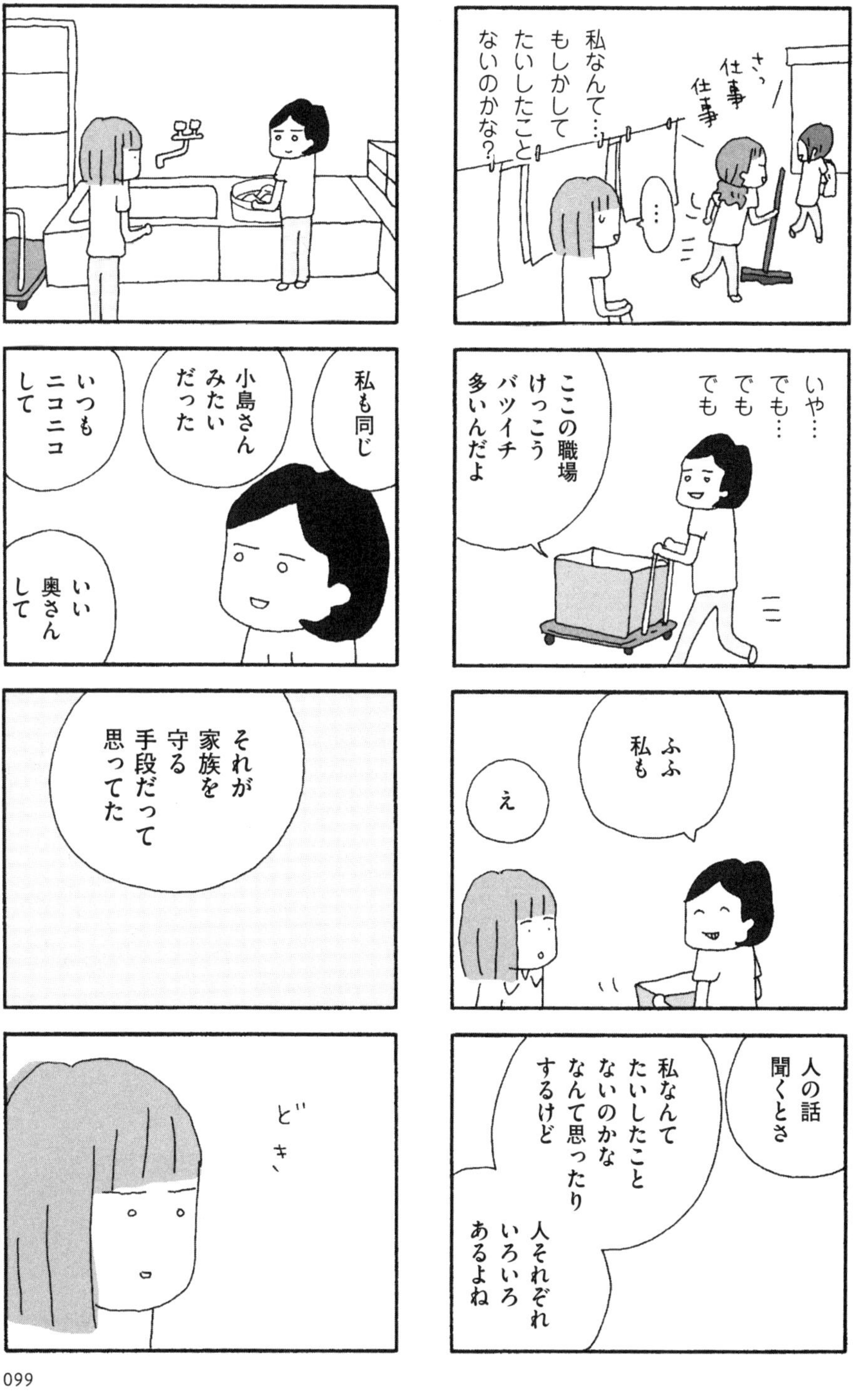
さっ
仕事
仕事
私なんて…もしかしてたいしたことないのかな?
…
いや…でも…でもでも
ここの職場けっこうバツイチ多いんだよ
ふふ私も
え
人の話聞くとさ
私なんてたいしたことないのかななんて思ったりするけど
人それぞれいろいろあるよね
私も同じ
小島さんみたいだった
いつもニコニコして
いい奥さんして
それが家族を守る手段だって思ってた
どき

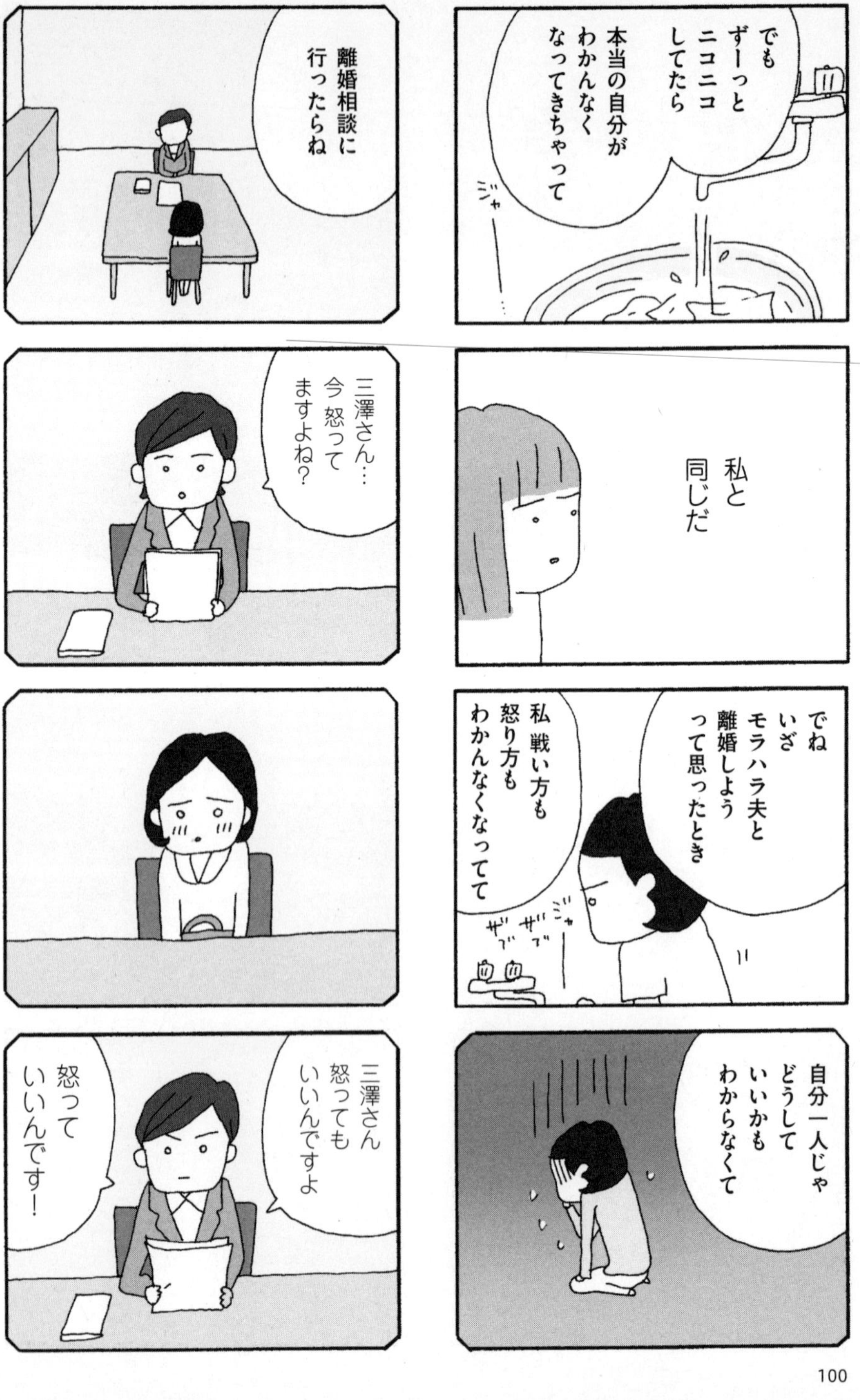
でも ずーっと ニコニコ してたら 本当の自分が わかんなく なってきちゃって
ジャー
私と 同じだ
でね いざ モラハラ夫と 離婚しよう って思ったとき
私 戦い方も 怒り方も わかんなくなってて
ザブ ザブ ジャー
自分一人じゃ どうして いいかも わからなくて
離婚相談に 行ったらね
三澤さん… 今 怒って ますよね？
三澤さん 怒っても いいんですよ
怒って いいんです！

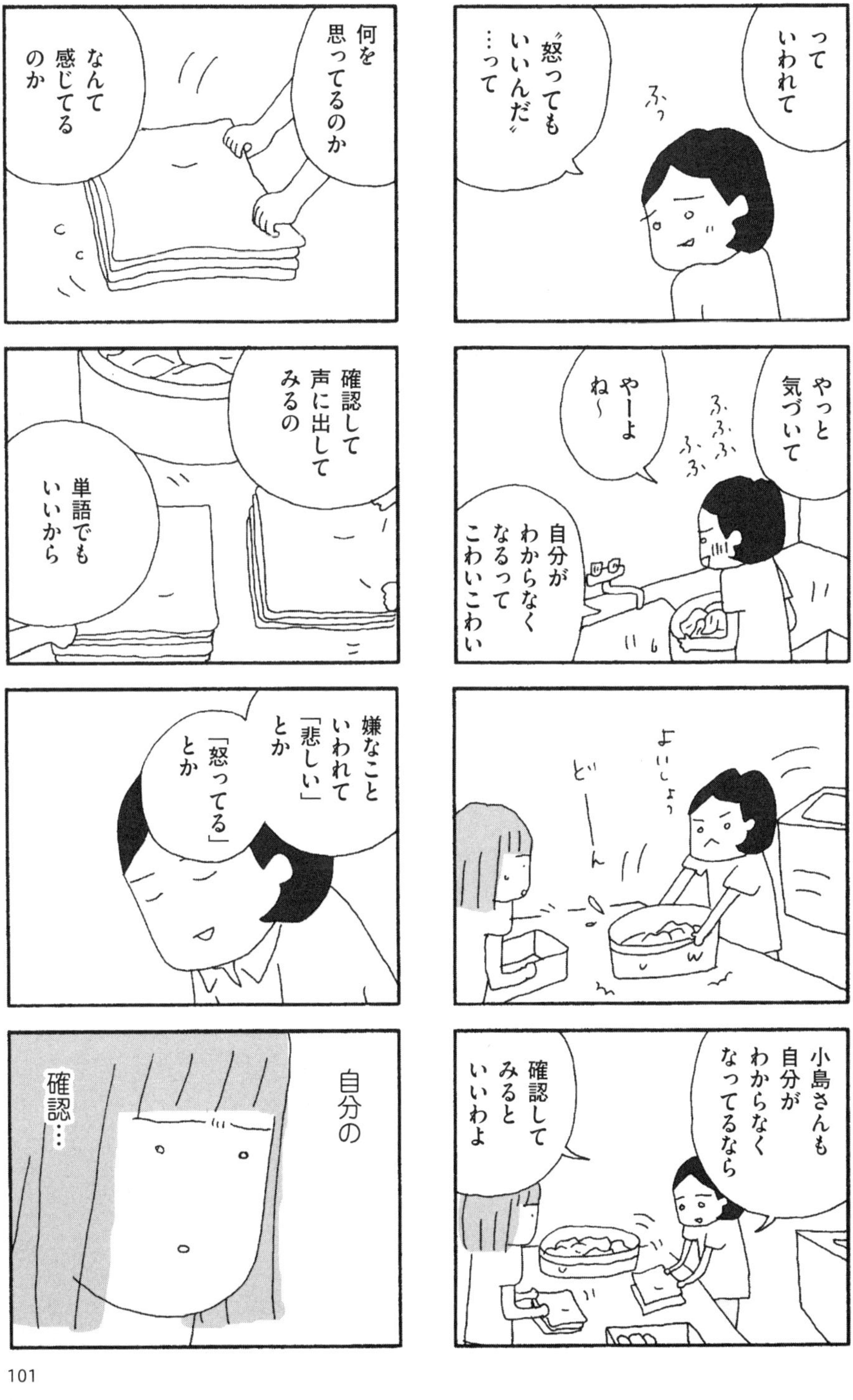
っていわれて
〝怒ってもいいんだ〟…って
ふっ
やっと気づいて
やーよね〜
ふふふふふ
自分がわからなくなるってこわいこわい
よいしょっ
どーーん
小島さんも自分がわからなくなってるなら
確認してみるといいわよ
何を思ってるのか
なんて感じてるのか
確認して声に出してみるの
単語でもいいから
嫌なこといわれて「悲しい」とか
「怒ってる」とか
自分の
確認…

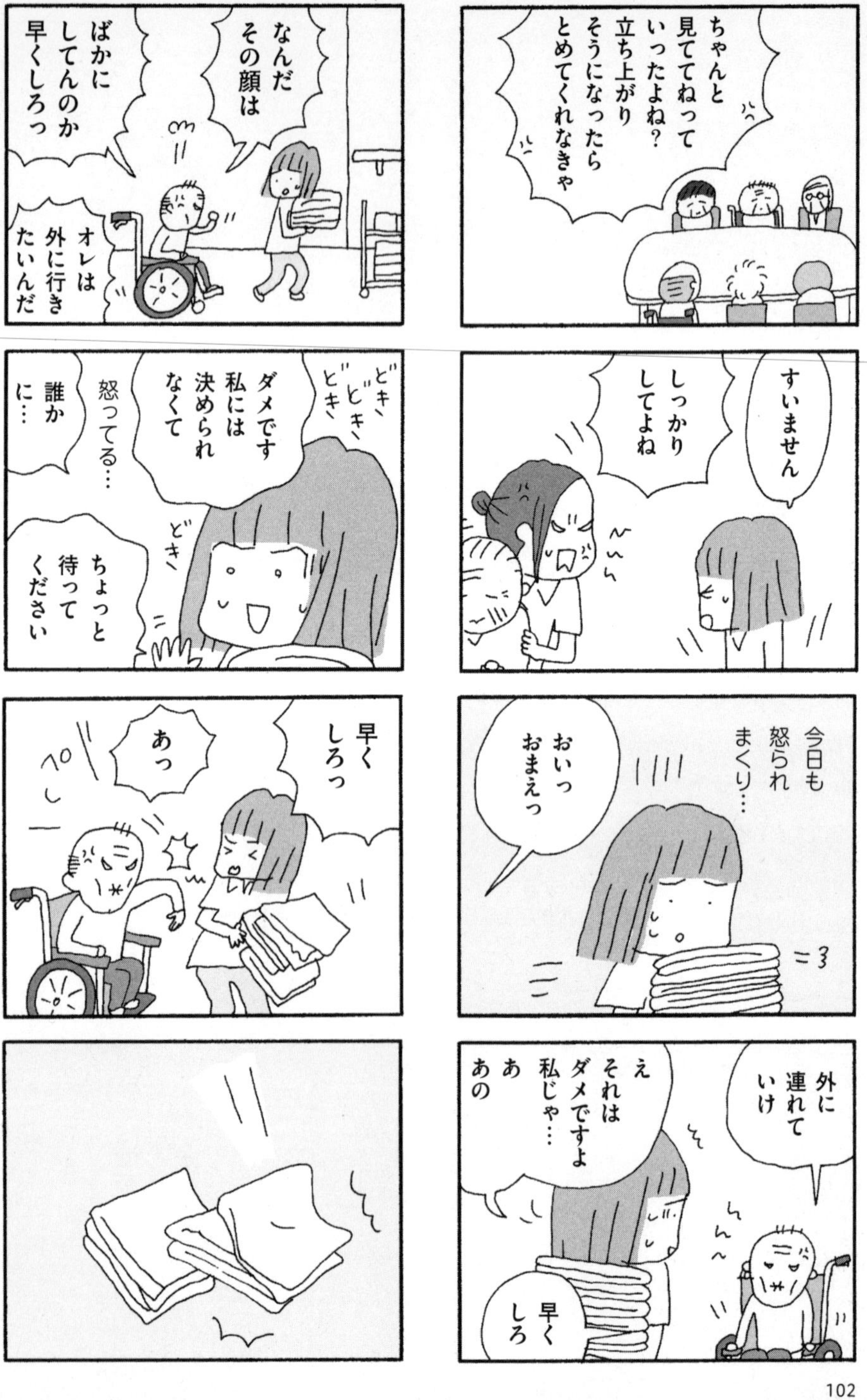
ちゃんと見ててねっていったよね?立ち上がりそうになったらとめてくれなきゃ
すいません
しっかりしてよね
今日も怒られまくり…
おいっおまえっ
外に連れていけ
えそれはダメですよ私じゃ…あ あの
早くしろ
なんだその顔は
ばかにしてんのか早くしろっ
オレは外に行きたいんだ
どきどきどき
ダメです私には決められなくて
怒ってる…
誰かに…
どき
ちょっと待ってください
早くしろっ
あっ
ペしっ

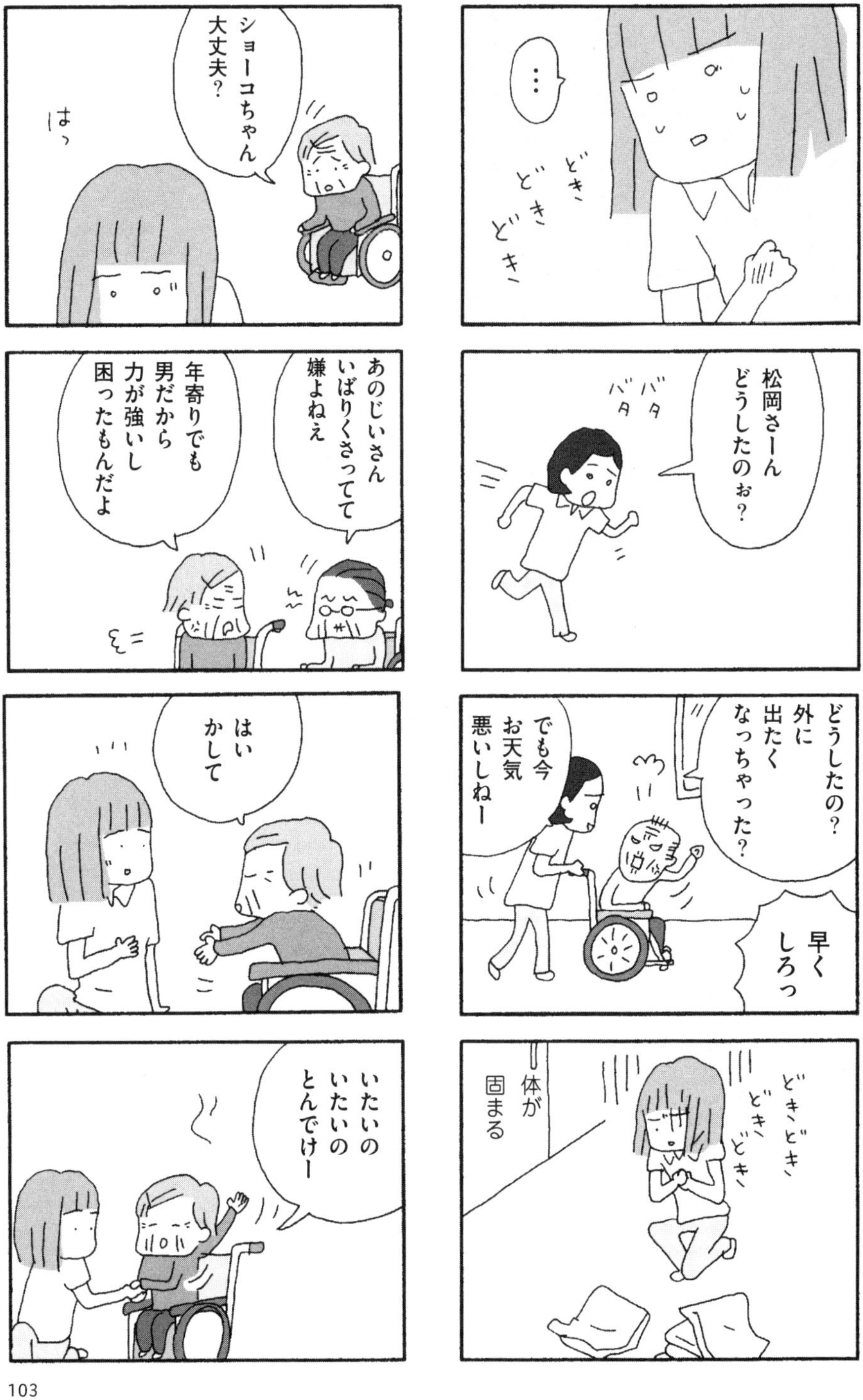
…
どき
どき
どき
松岡さーん
どうしたのぉ?
バタ
バタ
どうしたの?外に出たくなっちゃった?
でも今お天気悪いしねー
早くしろっ
体が固まる
どきどき
どき
どき
ショーコちゃん大丈夫?
はっ
あのじいさんいばりくさってて嫌よねえ
年寄りでも男だから力が強いし困ったもんだよ
はいかして
いたいのいたいのとんでけー

小さい子育てながら外で働くなんて慣れるまで大変よね
ねえー
そうそう
がんばれがんばれ
ははい
そうよそうだ私がんばるんだ
こんなことで負けてられない強くなるんだ!
ぐっ
とはいうものの…
小島さんそこおさえて!!
えあ…
ったく使えない
どうしていいのか
落ちこんだってしょうがないわよ
みんな忙しいから新人さんにていねいにかまってられないし言葉もきついけど気にしてたらダメよ

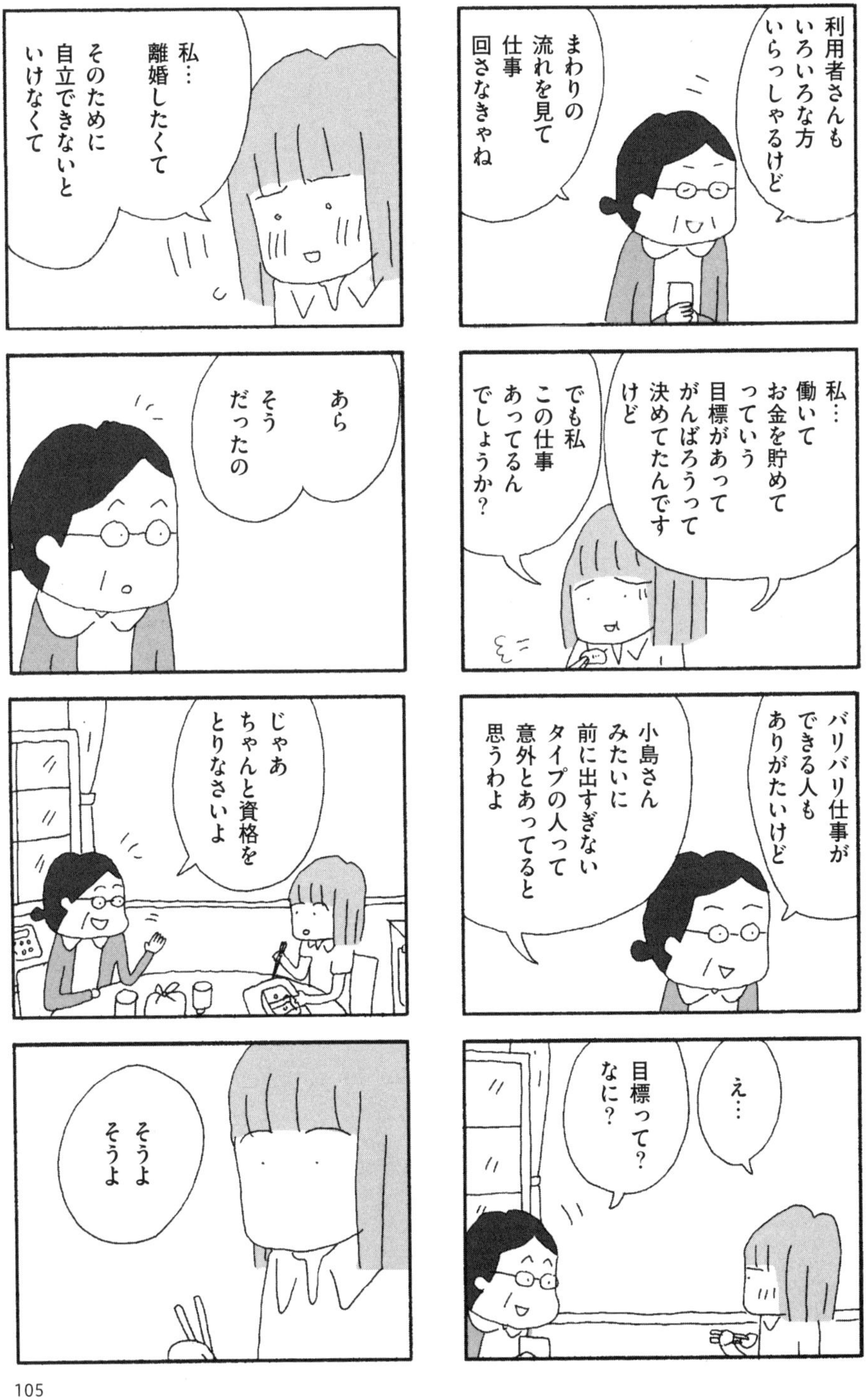
利用者さんもいろいろな方いらっしゃるけど
まわりの流れを見て仕事回さなきゃね
私…働いてお金を貯めてっていう目標があってがんばろうって決めてたんですけど
でも私この仕事あってるんでしょうか？
バリバリ仕事ができる人もありがたいけど
小島さんみたいに前に出すぎないタイプの人って意外とあってると思うわよ
え…
目標って？なに？
私…離婚したくてそのために自立できないといけなくて
あらそうだったの
じゃあちゃんと資格をとりなさいよ
そうよそうよ

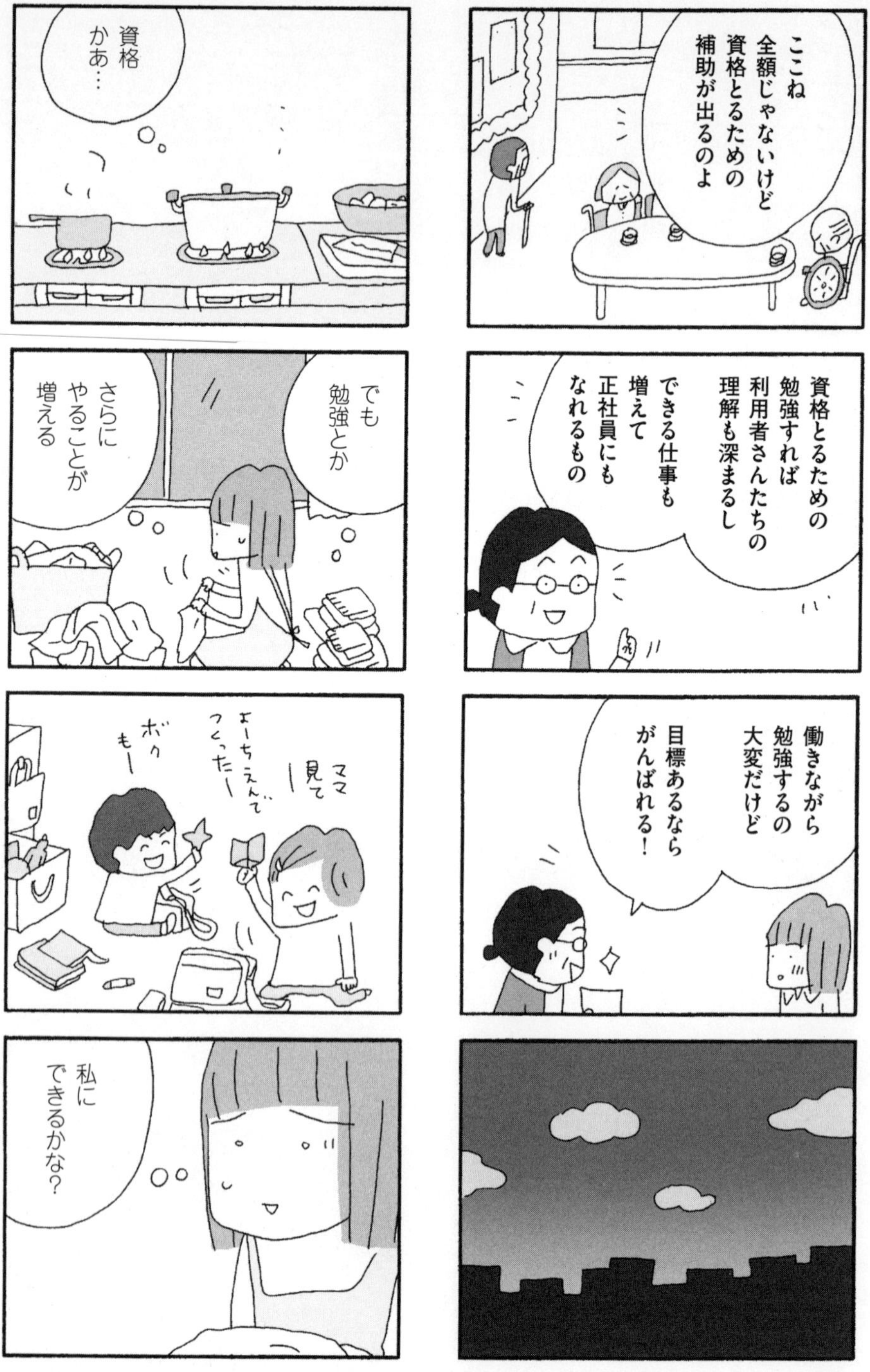
ここね 全額じゃないけど 資格とるための 補助が出るのよ
資格とるための 勉強すれば 利用者さんたちの 理解も深まるし
できる仕事も 増えて 正社員にも なれるもの
働きながら 勉強するの 大変だけど
目標あるなら がんばれる！
資格 かあ…
でも 勉強とか
さらに やることが 増える
ママ 見て
よーちえんで つくったー
ボク もー
私に できるかな？

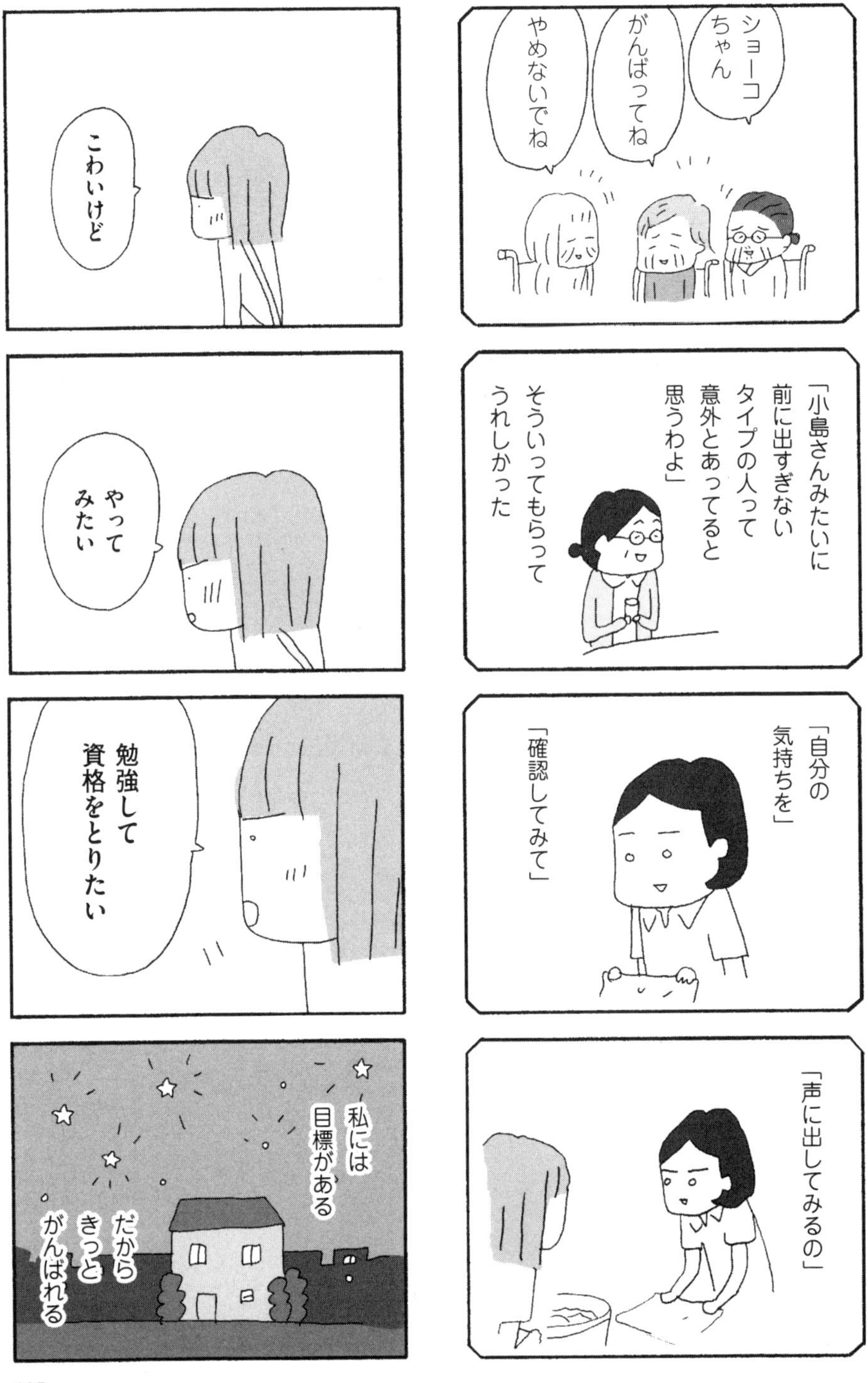
ショーコちゃん
がんばってね
やめないでね
「小島さんみたいに前に出すぎないタイプの人って意外とあってると思うわよ」
そういってもらってうれしかった
「自分の気持ちを」
「確認してみて」
「声に出してみるの」
こわいけど
やってみたい
勉強して資格をとりたい
私には目標がある
だからきっとがんばれる

離婚してもいいですか？

翔子の場合

【7章】

私
お母さんみたいな人に
なりたくない

【第26話】奮闘

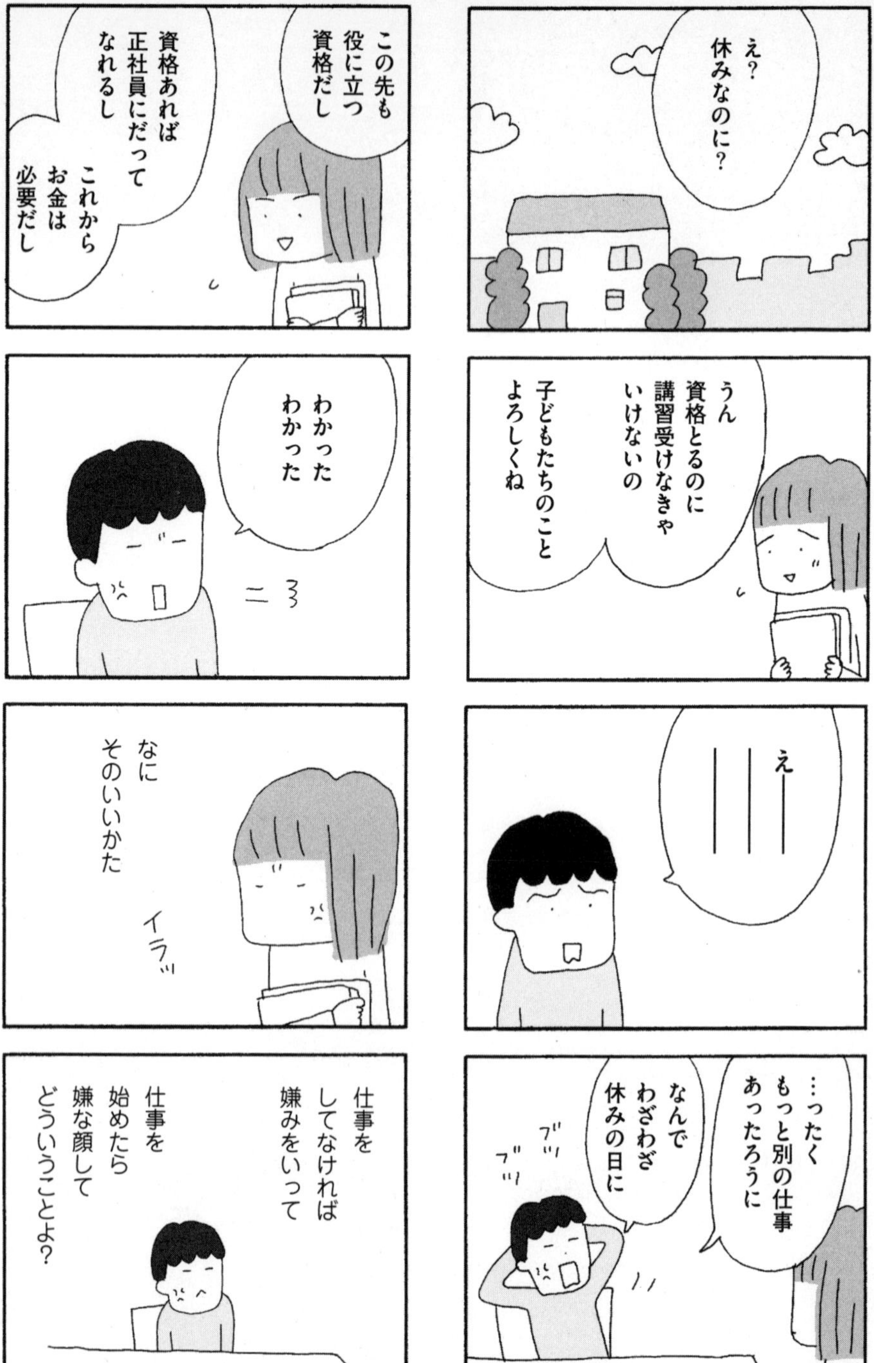
え？休みなのに？
この先も役に立つ資格だし
資格あれば正社員にだってなれるし
これからお金は必要だし
うん
資格とるのに講習受けなきゃいけないの
子どもたちのことよろしくね
わかったわかった
え―――
なに
そのいいかた
イラッ
ブツ ブツ
…ったく
もっと別の仕事あったろうに
なんで
わざわざ休みの日に
仕事をしてなければ嫌みをいって
仕事を始めたら嫌な顔してどういうことよ？

私だって仕事しながらがんばってるんだから応援してくれたっていいじゃない！
と思っても口にしない
だって口に出したら夫の機嫌がますます悪くなるから
パパー
なにしてあそぶー
「そういうふうに訓練されてるんですよね」
どうしたら呪縛が解けるんだろう？
おつかれさま

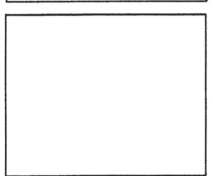

ありがとうございます
パートのお給料10万円弱…
ここから資格をとるための費用の支払いでさらにマイナス…
ぅぅ…
はあ…
そうそう思ったようにはうまくはいかず
目標にはほど遠い
早く帰ってだんなのごはん作らなきゃ
おつかれさま
はーい
その辺私たち気楽でいいわよね
シングルマザー
ねー
夫のごはんを考えなくていい生活いいなあ
小島さん代わりますよ

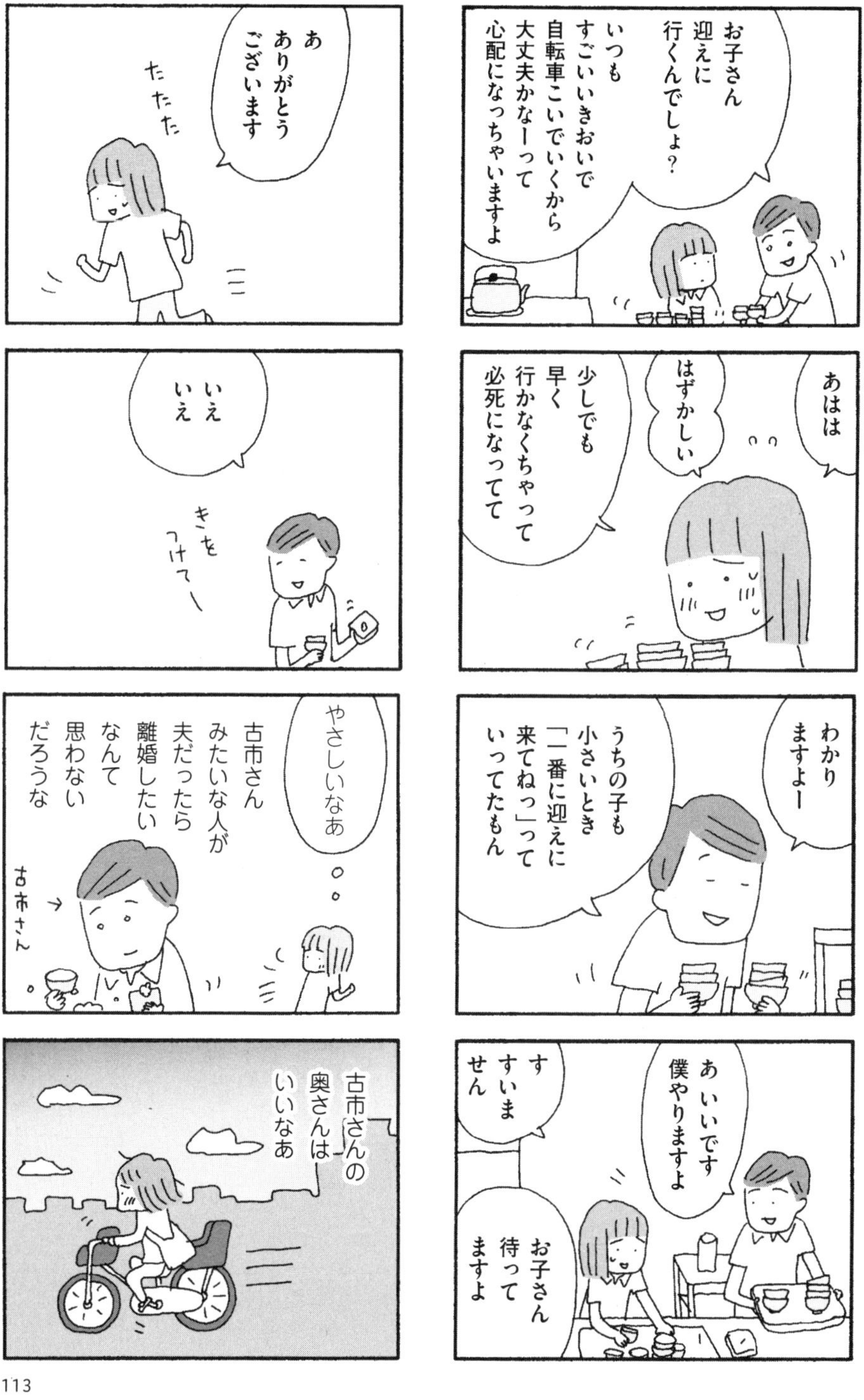
お子さん迎えに行くんでしょ？
いつもすごいいきおいで自転車こいでいくから大丈夫かなーって心配になっちゃいますよ
あはは
はずかしい
少しでも早く行かなくちゃって必死になってて
わかりますよー
うちの子も小さいとき「一番に迎えに来てねっ」っていってたもん
あいいです僕やりますよ
すすいません
お子さん待ってますよ
あありがとうございます
たたた
いえいえ
きをつけて〜
やさしいなあ
古市さんみたいな人が夫だったら離婚したいなんて思わないだろうな
古市さん
古市さんの奥さんはいいなあ

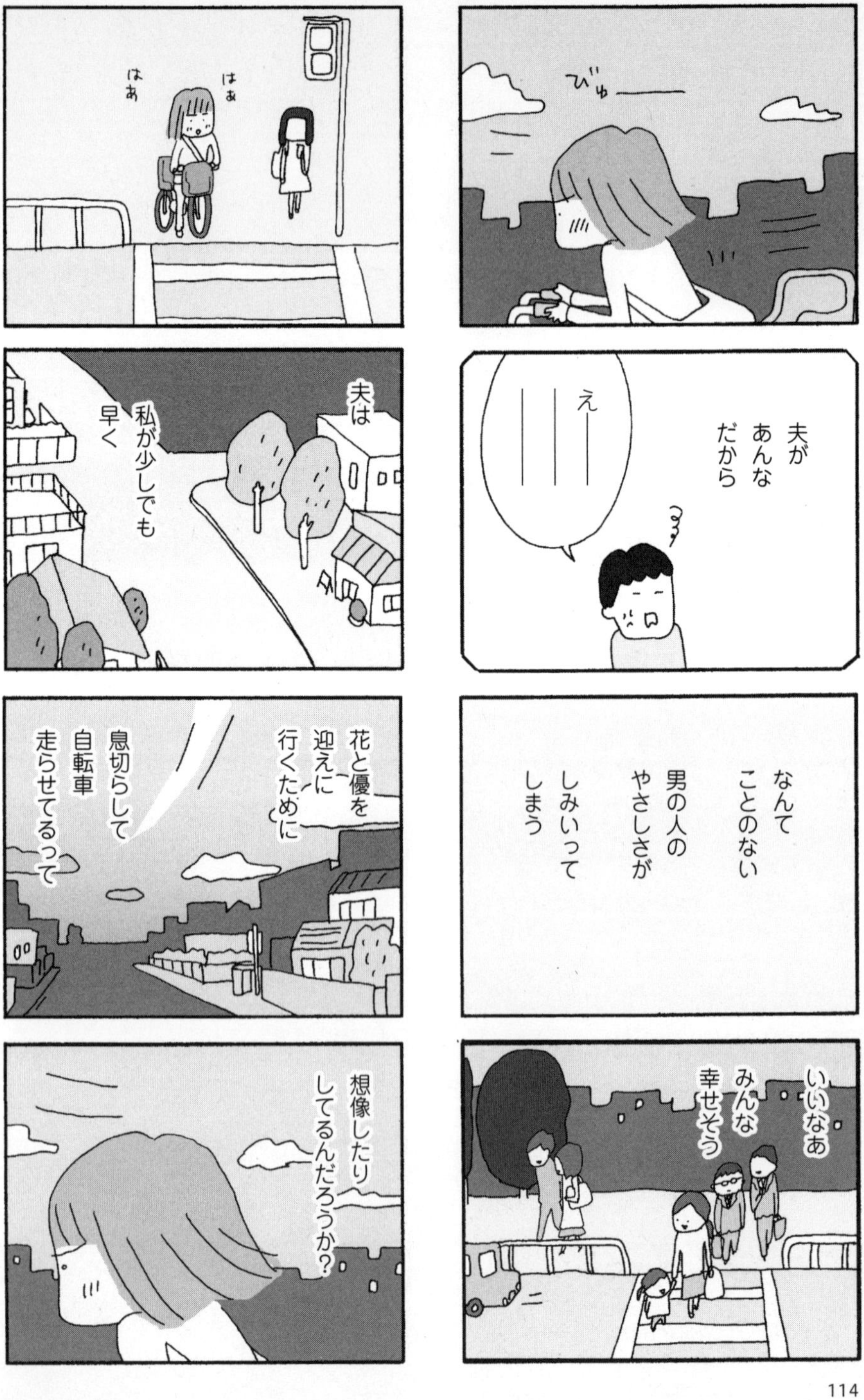
びゅ――
はあ
はあ
夫が
あんな
だから
え――
夫は
私が少しでも
早く
なんて
ことのない
男の人の
やさしさが
しみいって
しまう
花と優を
迎えに
行くために
息切らして
自転車
走らせてるって
いいなあ
みんな
幸せそう
想像したり
してるんだろうか？

してるわけ
ないか
今夜は
どのくらい
勉強できるかな
早く資格
とれるよう
がんばら
なきゃ
ママー
たた
たた
たた
ごめんね
遅くなって
はい
ママ
あら
きれい
ママに
あげる
おまもり
ありがと
ママ
がんばる

【第27話】嫌悪

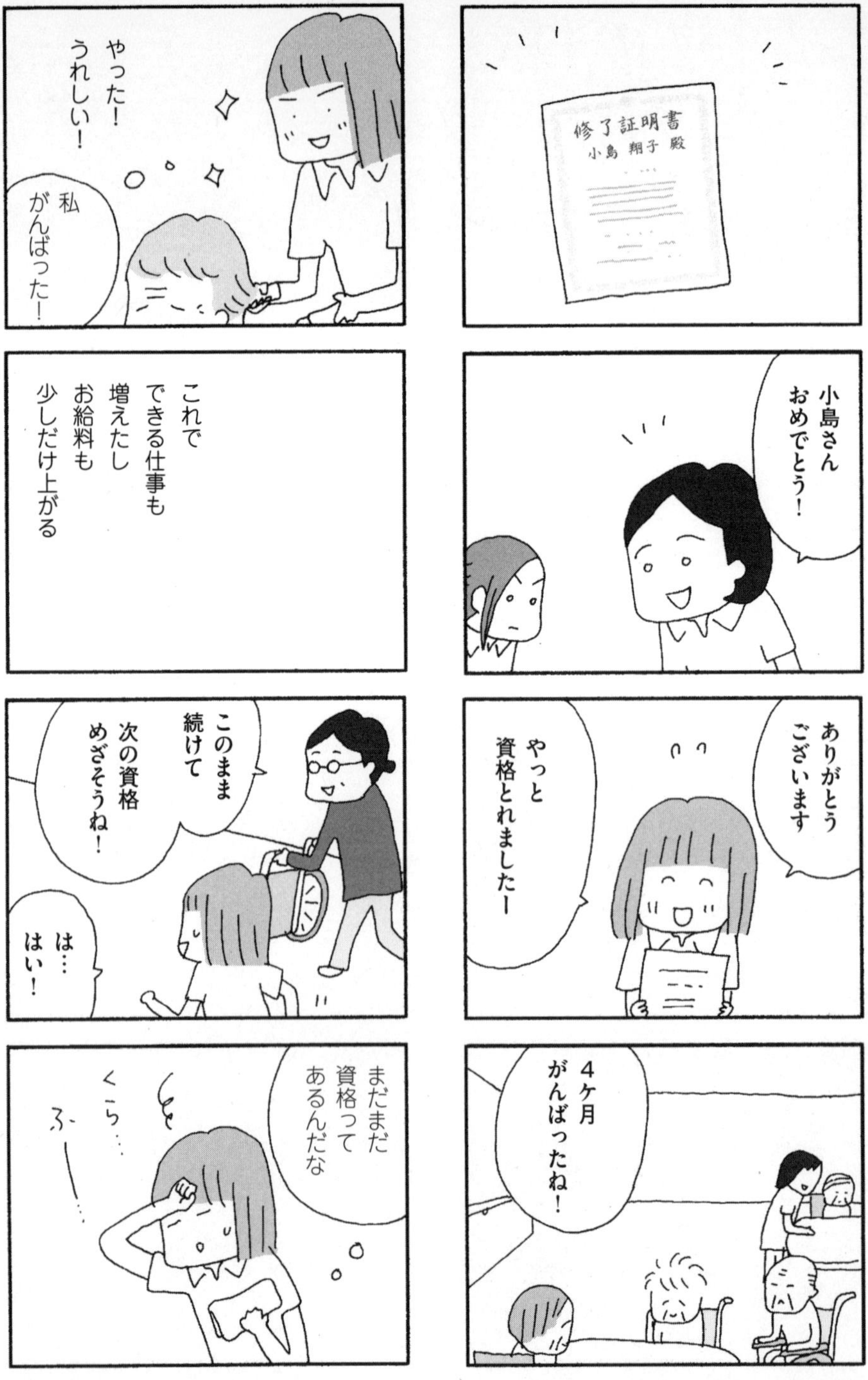
修了証明書
小島 翔子 殿
小島さん おめでとう！
ありがとう ございます
やっと 資格とれましたー
4ケ月 がんばったね！
やった！ うれしい！
私 がんばった！
これで できる仕事も 増えたし お給料も 少しだけ上がる
このまま 続けて 次の資格 めざそうね！
は… はい！
まだまだ 資格って あるんだな
くら…
ふー…

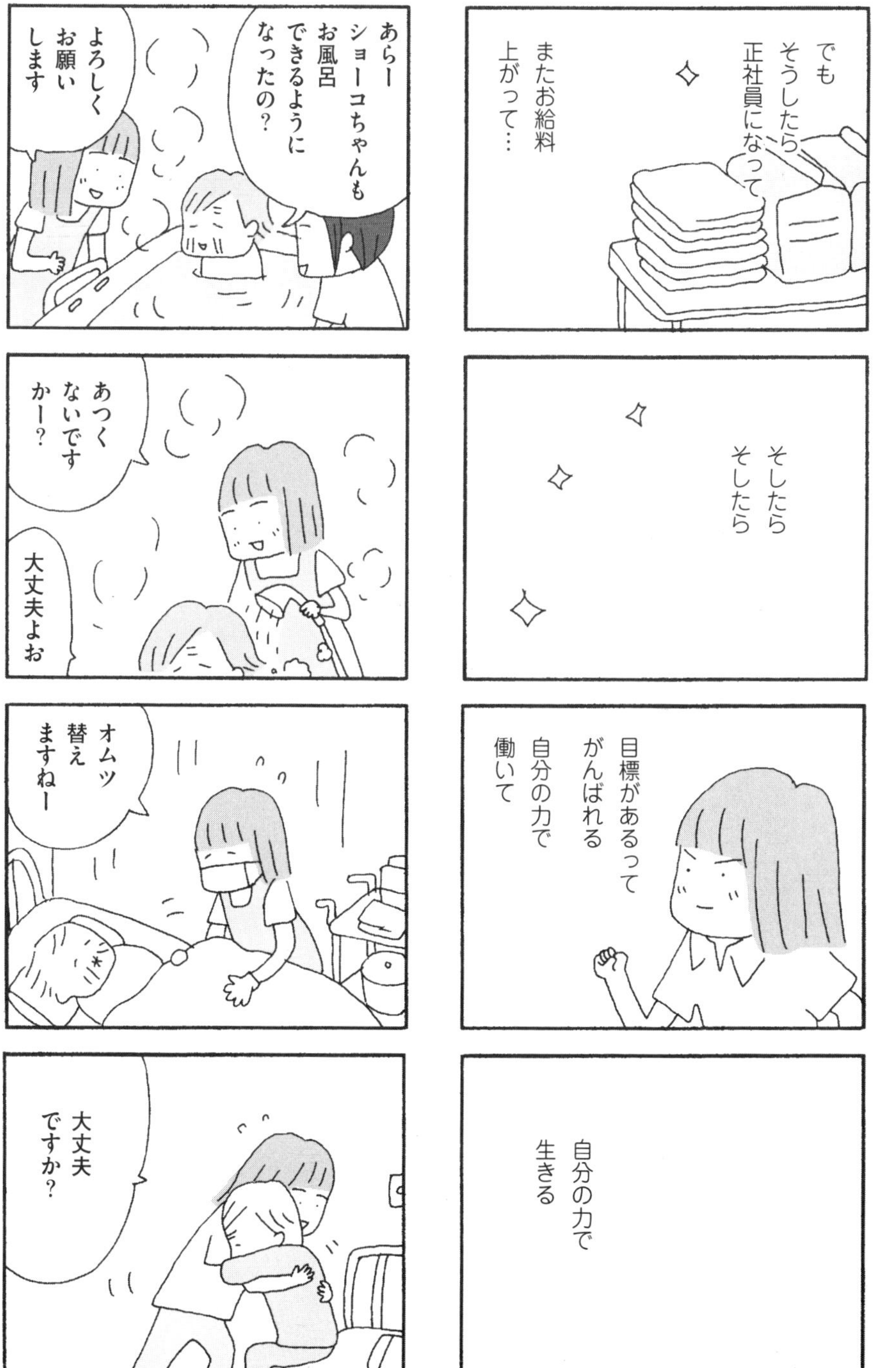
でもそうしたら正社員になって
またお給料上がって…
そしたらそしたら
目標があるってがんばれる
自分の力で働いて
自分の力で生きる
あらーショーコちゃんもお風呂できるようになったの？
よろしくお願いします
あつくないですかー？
大丈夫よぉ
オムツ替えますねー
大丈夫ですか？

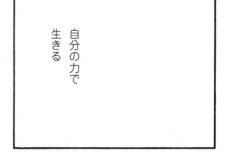

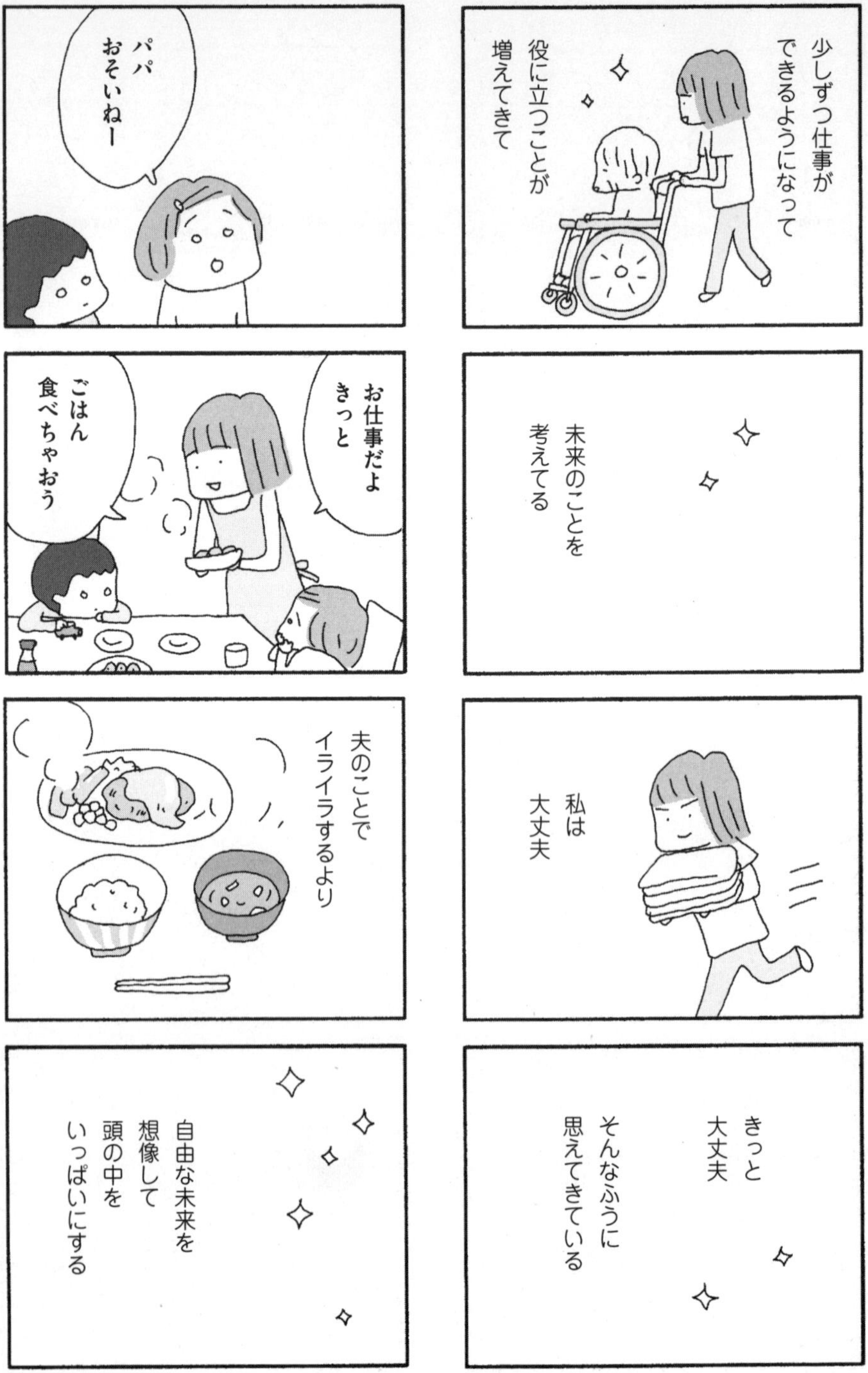
少しずつ仕事ができるようになって
役に立つことが増えてきて
パパおそいねー
未来のことを考えてる
お仕事だよきっと
ごはん食べちゃおう
私は大丈夫
夫のことでイライラするより
きっと大丈夫
そんなふうに思えてきている
自由な未来を想像して頭の中をいっぱいにする

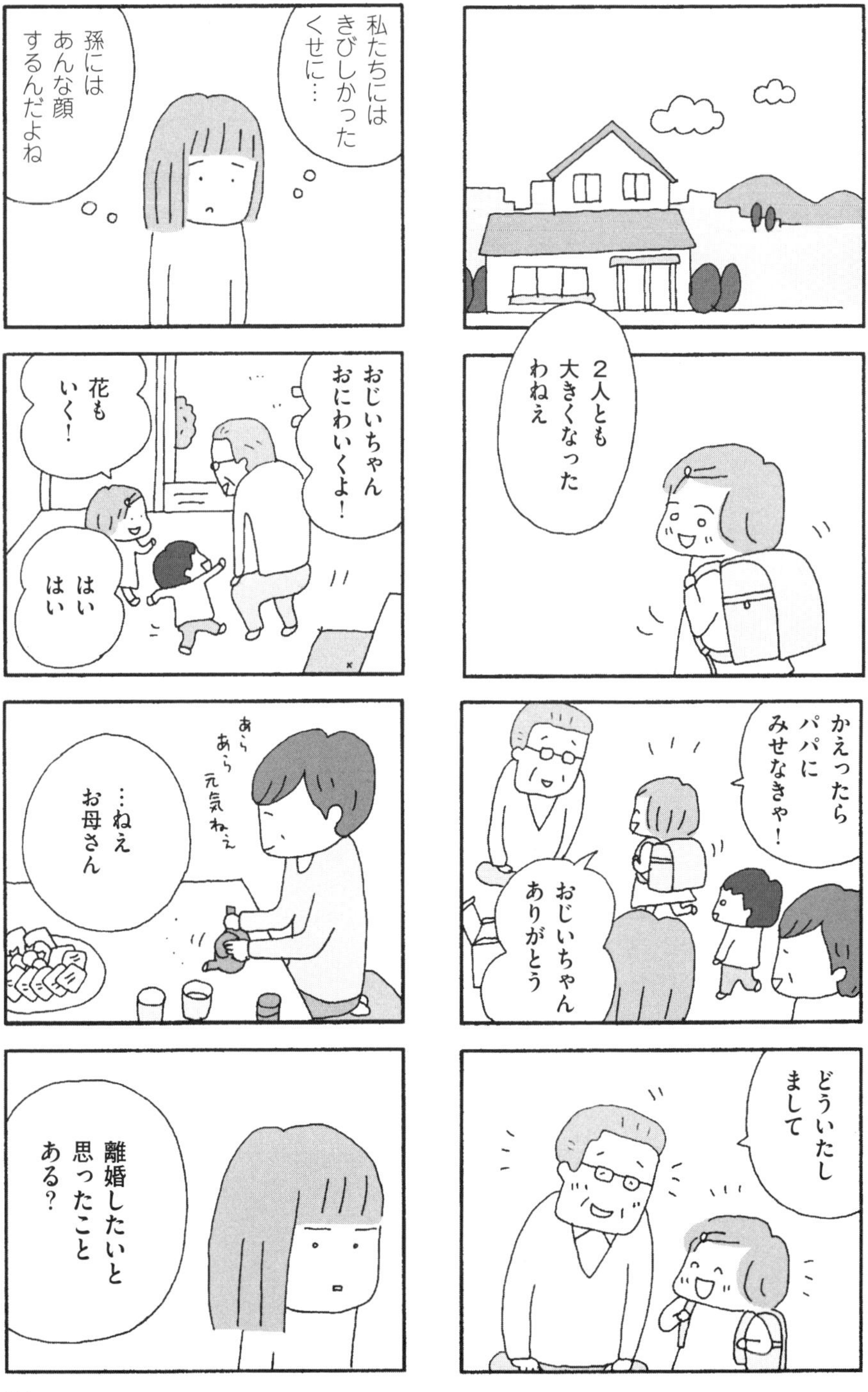
2人とも大きくなったわねえ
かえったらパパにみせなきゃ!
おじいちゃんありがとう
どういたしまして
私たちにはきびしかったくせに…
孫にはあんな顔するんだよね
おじいちゃんおにわいくよ!
花もいく!
はいはい
あらあら元気ねえ
…ねえお母さん
離婚したいと思ったことある?

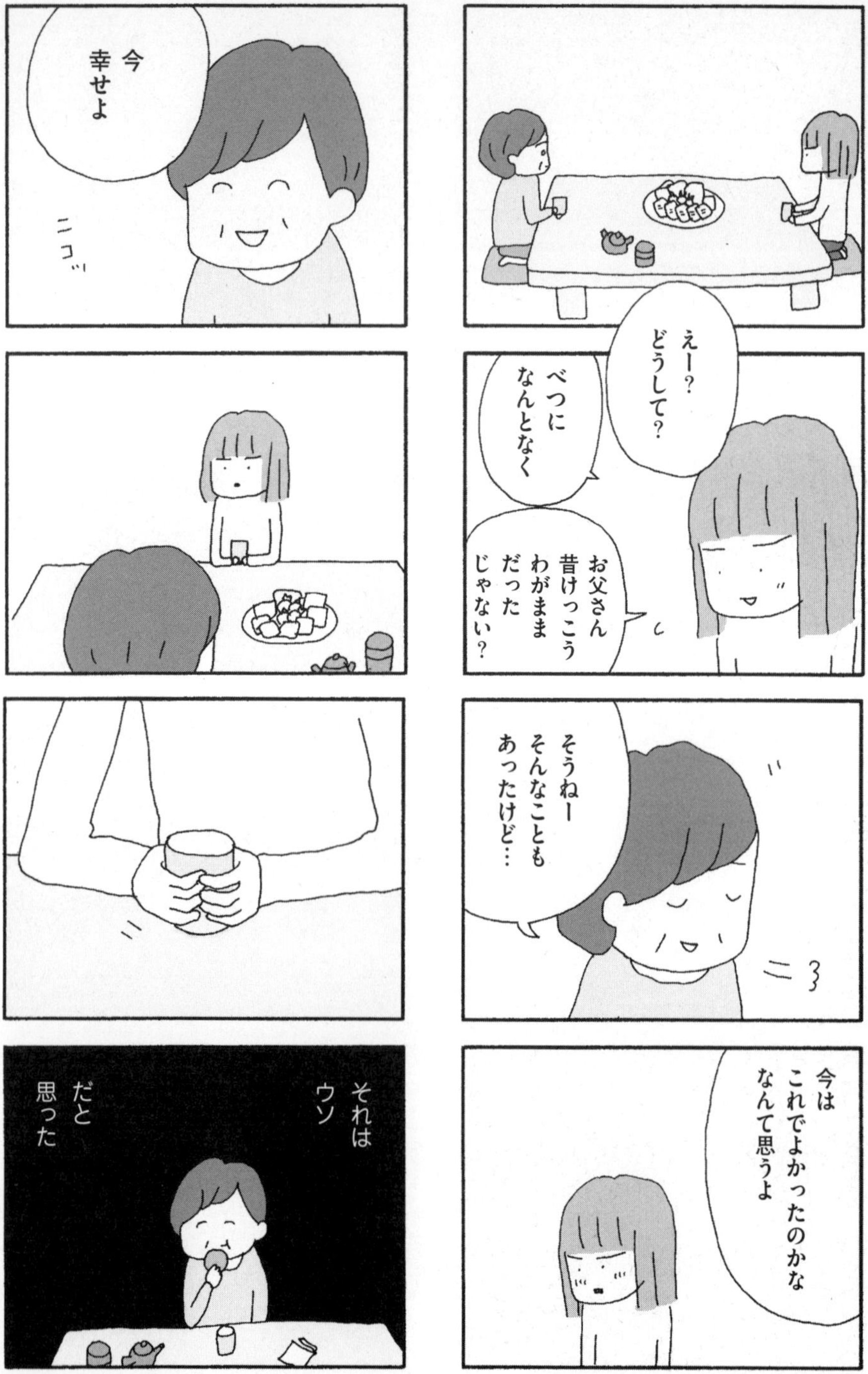
今
幸せよ
ニコッ
えー?
どうして?
べつに
なんとなく
お父さん
昔けっこう
わがまま
だった
じゃない?
そうねー
そんなことも
あったけど…
今は
これでよかったのかな
なんて思うよ
それは
ウソ
だと
思った

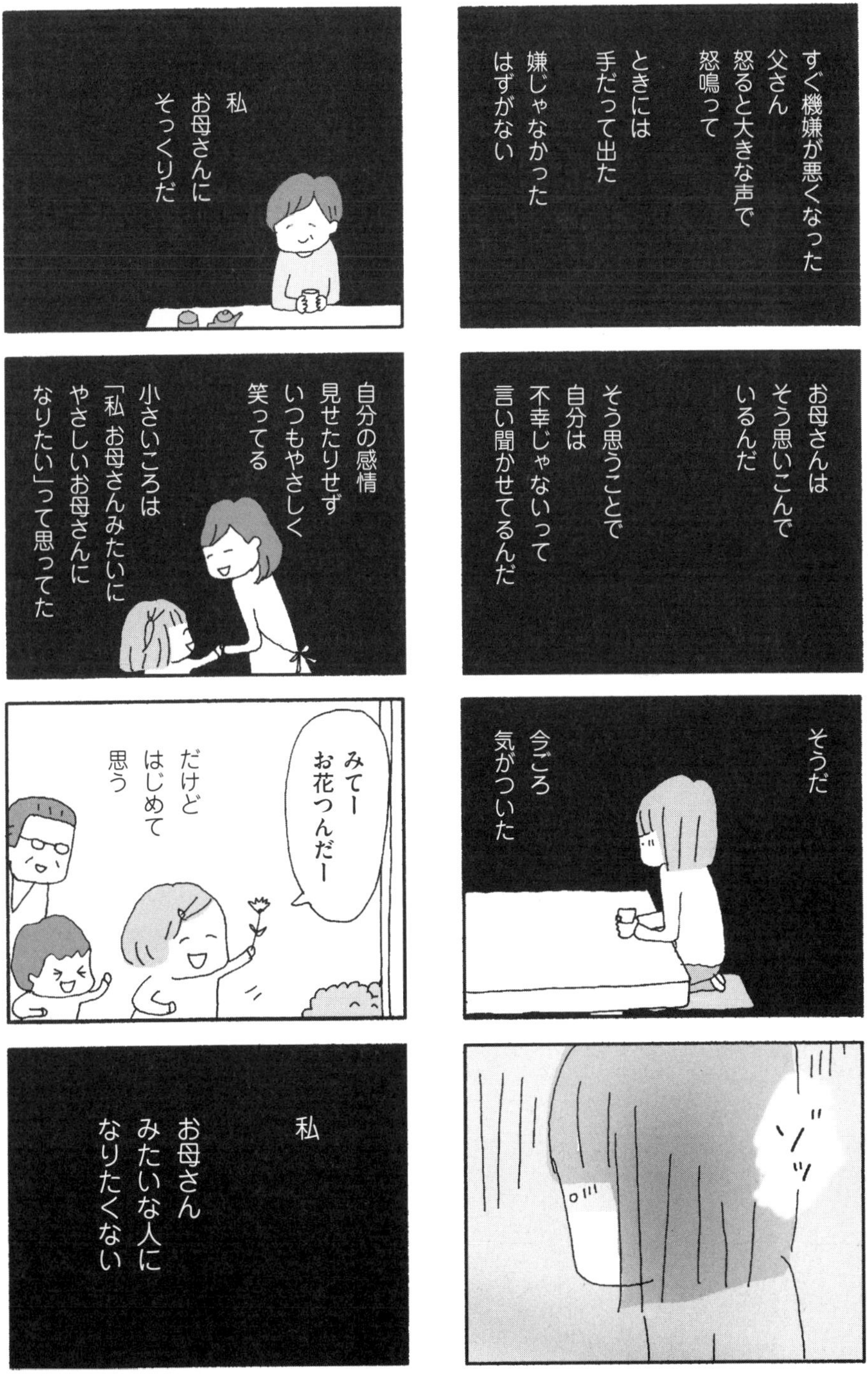
すぐ機嫌が悪くなった
父さん
怒ると大きな声で
怒鳴って
ときには
手だって出た
嫌じゃなかった
はずがない
私
お母さんに
そっくりだ
お母さんは
そう思いこんで
いるんだ
そう思うことで
自分は
不幸じゃないって
言い聞かせてるんだ
自分の感情
見せたりせず
いつもやさしく
笑ってる
小さいころは
「私 お母さんみたいに
やさしいお母さんに
なりたい」って思ってた
そうだ
今ごろ
気がついた
みてー
お花つんだー
だけど
はじめて
思う
私
お母さん
みたいな人に
なりたくない

【第28話】解 放

お父さんの嫌がることはしちゃだめよ
子どものころの私
お父さんの機嫌が悪くならないように
うちの中はそういうふうに回ってた気がする
そして今は
夫の機嫌が悪くならないように
あのころ私
本当はなんて思ってた?

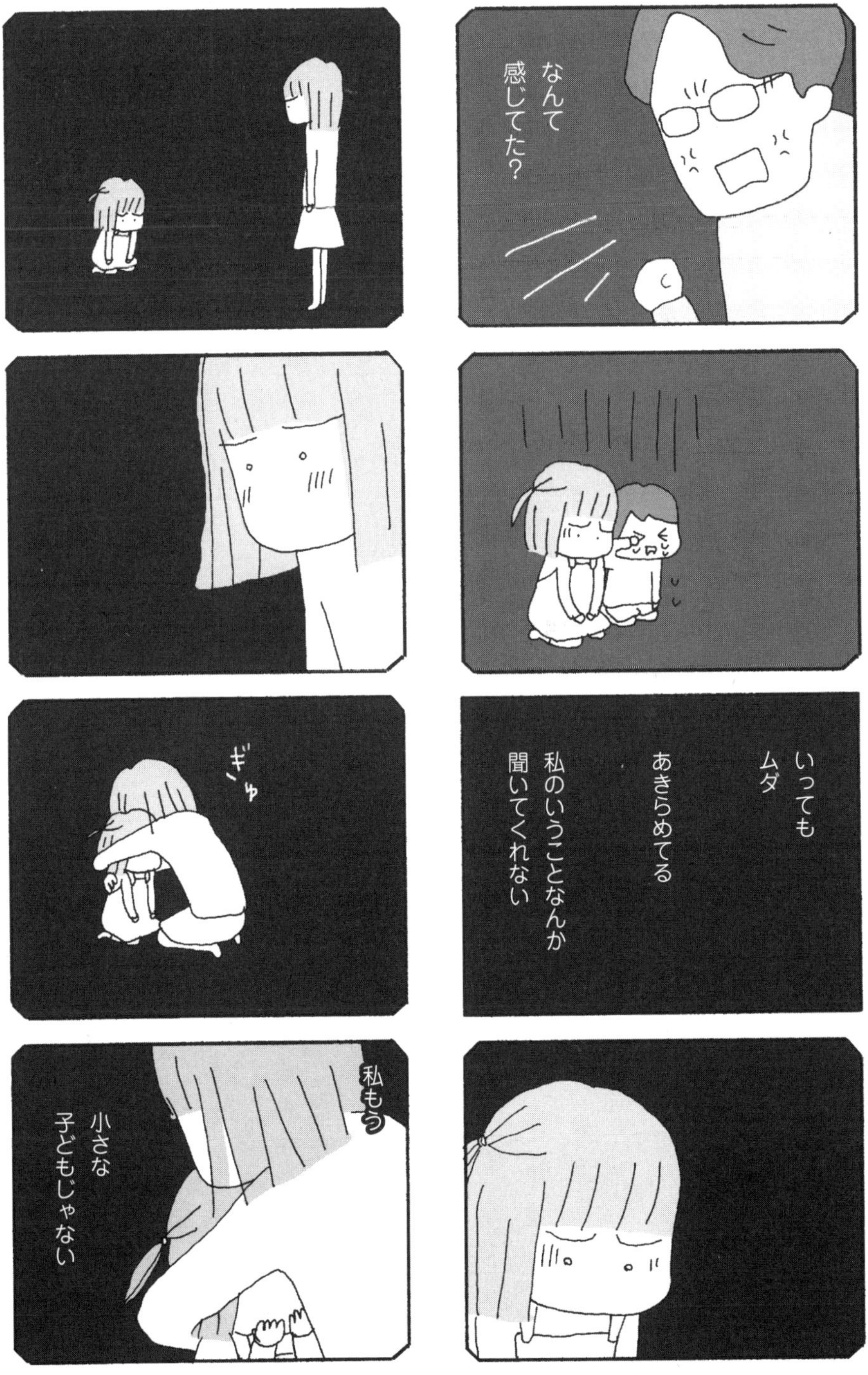

なんて
感じてた?
いっても
ムダ
あきらめてる
私のいうことなんか
聞いてくれない
ギゅ
私もう
小さな
子どもじゃない

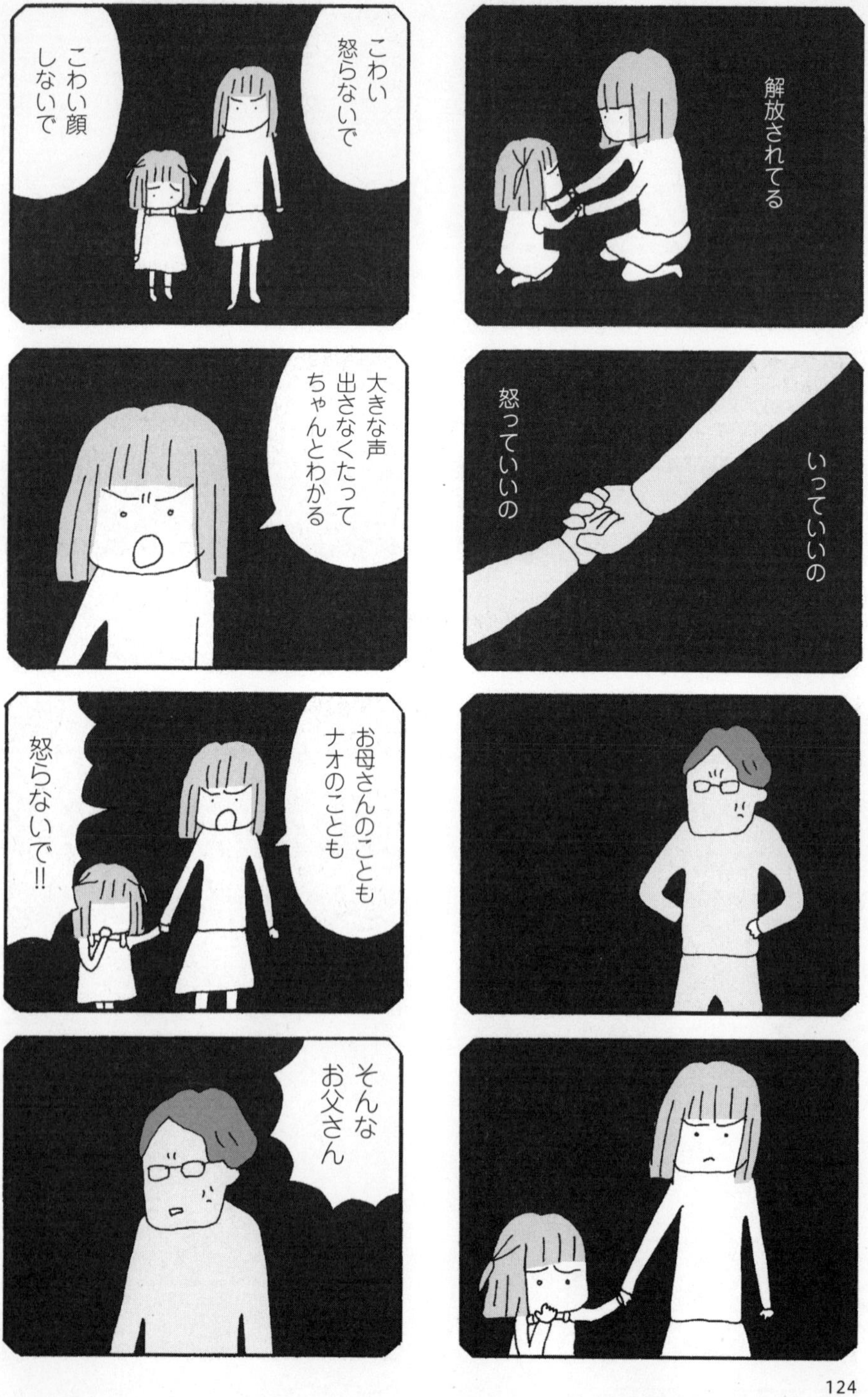
解放されてる
いっていいの
怒っていいの
こわい
怒らないで
こわい顔
しないで
大きな声
出さなくたって
ちゃんとわかる
お母さんのことも
ナオのことも
怒らないで!!
そんな
お父さん

大嫌い！
おいっ
えっ…
うそっ こんな時間
カンベンしてくれよ!!
優花 おきて！
ったく なにやってんだよ
しっかり しろよ！
夢の中で
私
ちゃんと 怒れてた

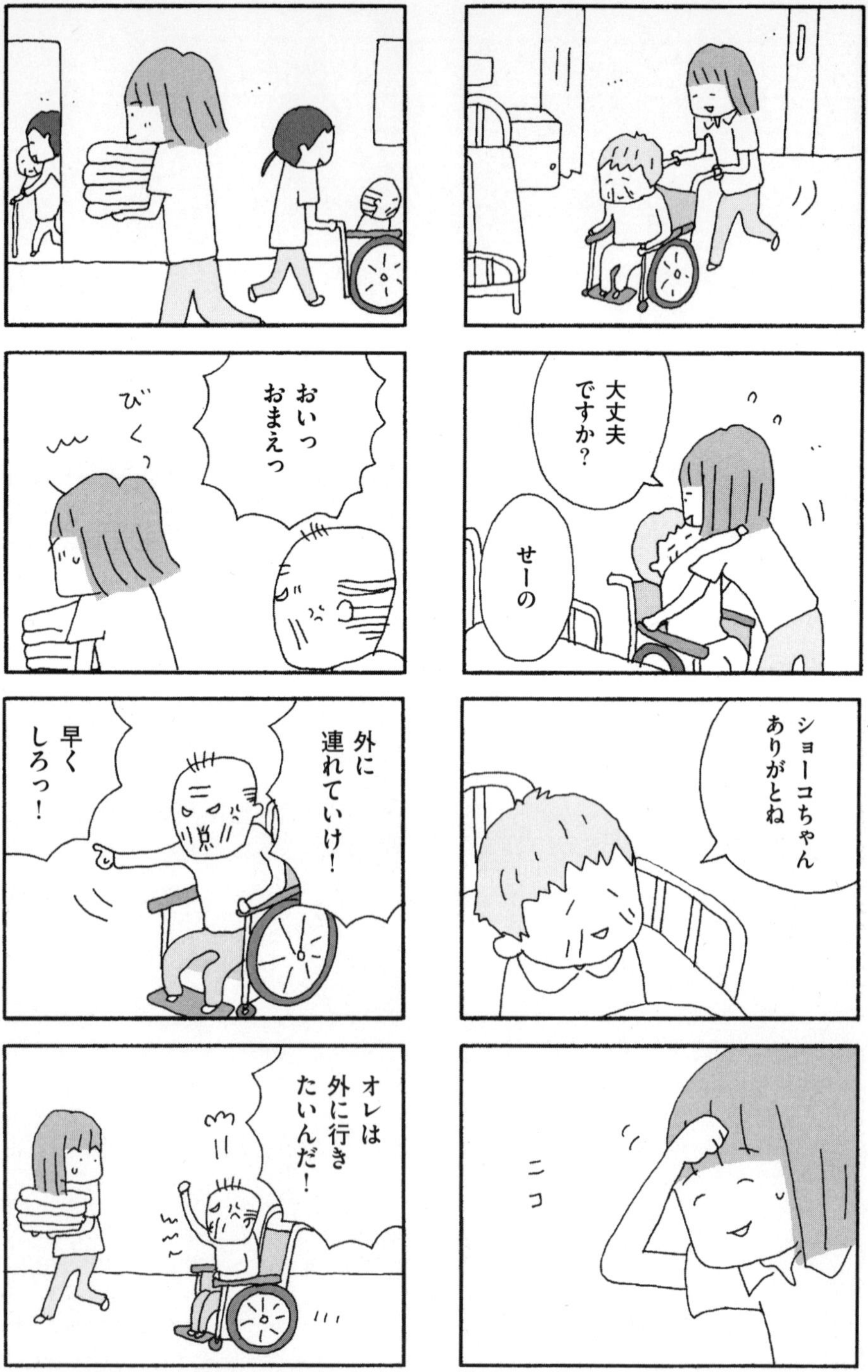
大丈夫ですか?
せーの
ショーコちゃんありがとね
ニコ
おいっおまえっ
びくっ
外に連れていけ!
早くしろっ!
オレは外に行きたいんだ!

なんだ その顔は ばかにしてんのか
ごくっ
松岡さん…
こわいですよー
もう少し やさしく いって ください
ね?
?
やさしく いったら 外に行け るのか――――!!
今日は 外は 寒いです からね
ケアマネさんと 相談して みましょうね
少しだけ ラクになれた 気がする

【第29話】発覚

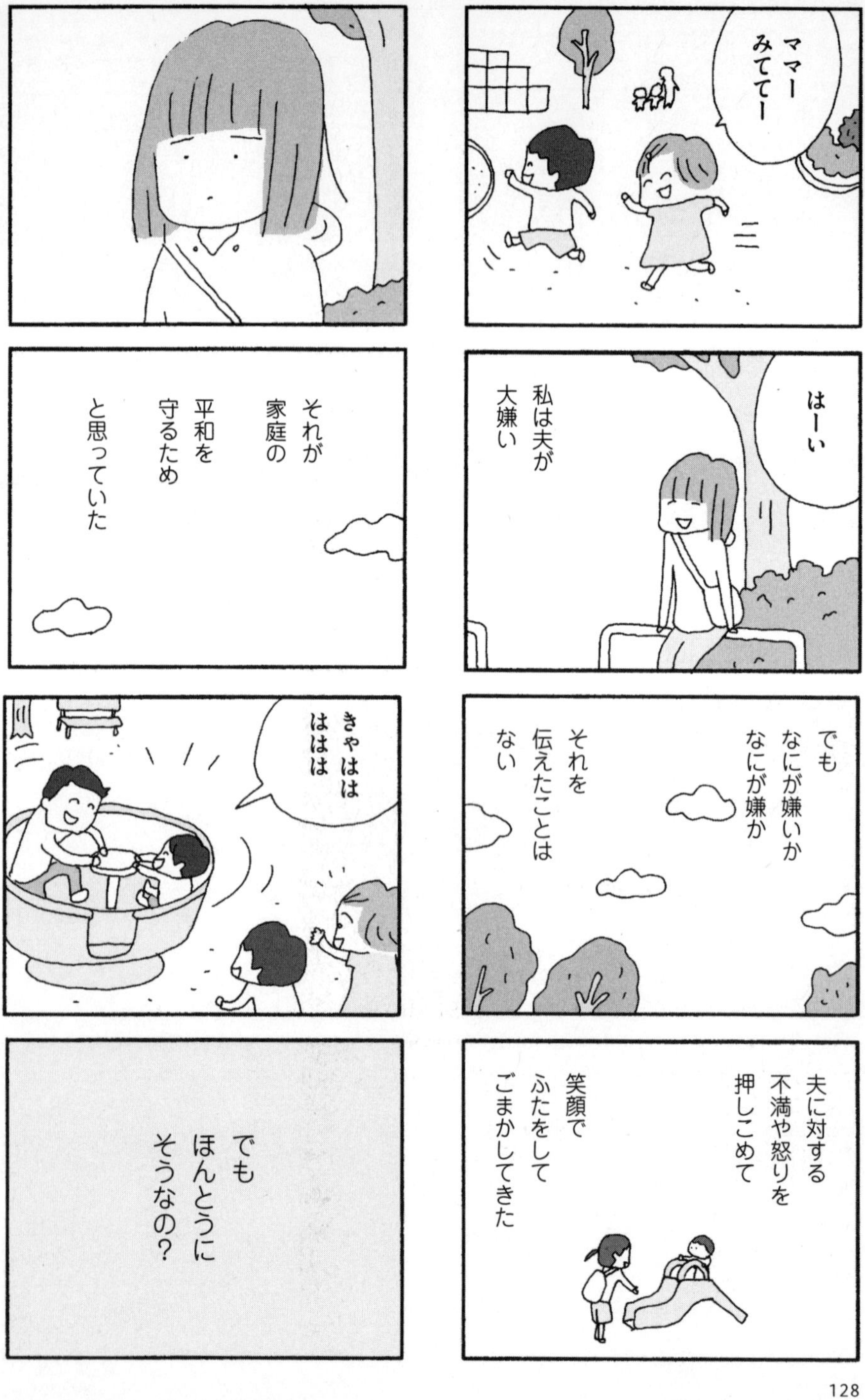
ママー みててー
はーい
私は夫が 大嫌い
でも なにが嫌いか なにが嫌か
それを 伝えたことは ない
夫に対する 不満や怒りを 押しこめて
笑顔で ふたをして ごまかしてきた
それが 家庭の 平和を 守るため
と思っていた
きゃはは ははは
でも ほんとうに そうなの？

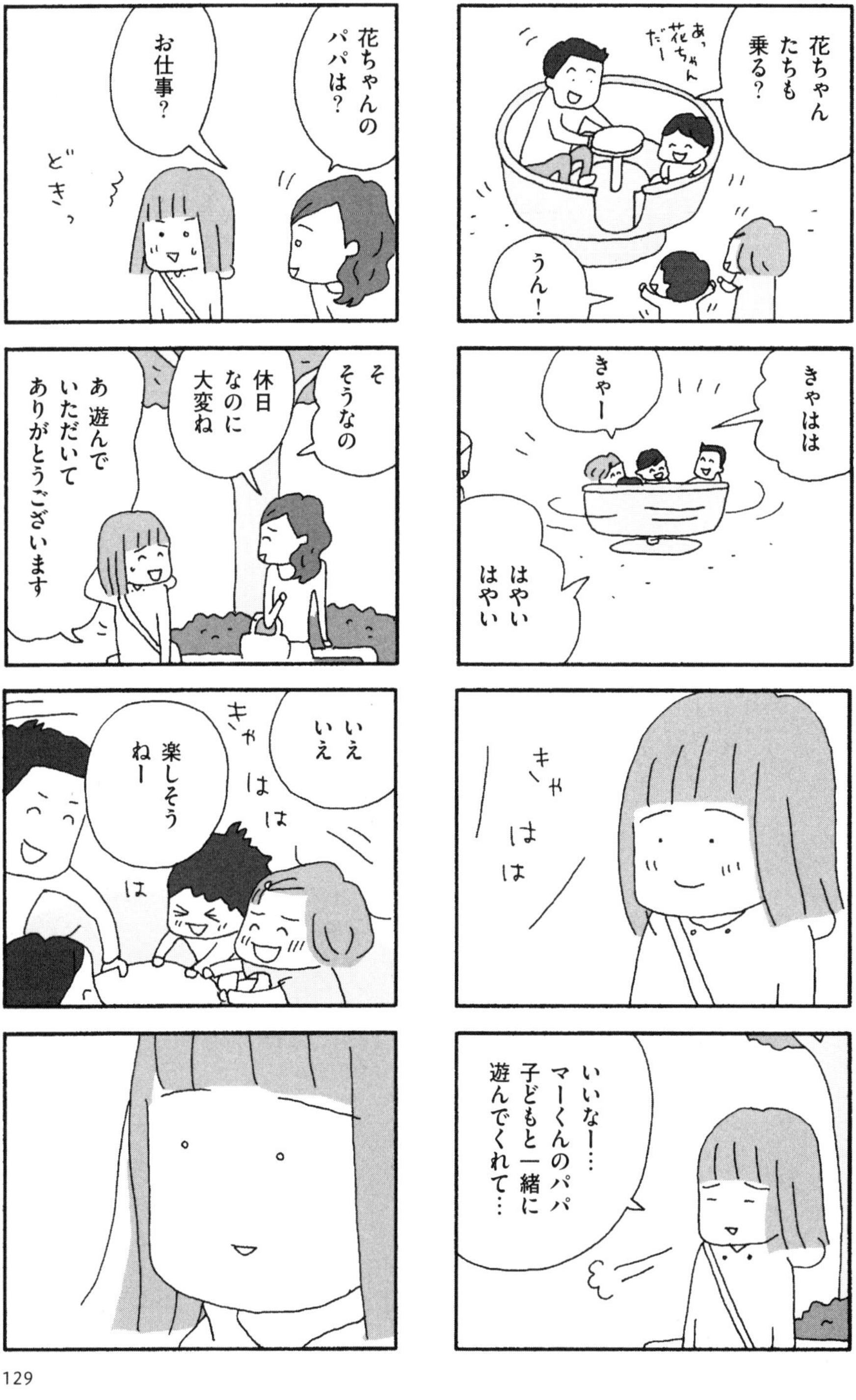
花ちゃんたちも乗る？
あっ花ちゃんだー
うん！
きゃはは
きゃー
はやいはやい
きゃはは
いいなー…マーくんのパパ子どもと一緒に遊んでくれて…
花ちゃんのパパは？
お仕事？
どきっ
そ そうなの
休日なのに大変ね
あ遊んでいただいてありがとうございます
いえいえ
楽しそうねー
きゃははは

しっかり
つかまってー
私 今
マーくんと
マーくんのママが
うらやましい
って
思ってる
私は
結婚してて
夫も子どもも
いるのに
こんなにさびしい
ママ
ママ!
みて!
これ
ナオくんに
みせたい!
恐竜みたい
でしょ?
この石
ホントだ
ナオくんね
きょうりゅう
すき
なんだよ!
ナオくん
こんど
いつくるかな?
そう
ねー…

よしっ
バスに乗って
ナオのとこまで
行ってみようか？
やったー！
バスだ！
もしもし？
ナオ？
今日休みでしょ？
今から
行ってもいい？
どうせ
夫は
遅く帰ってくる
だろうし
誰かと
楽しく
しゃべりたい
ブゥゥ…

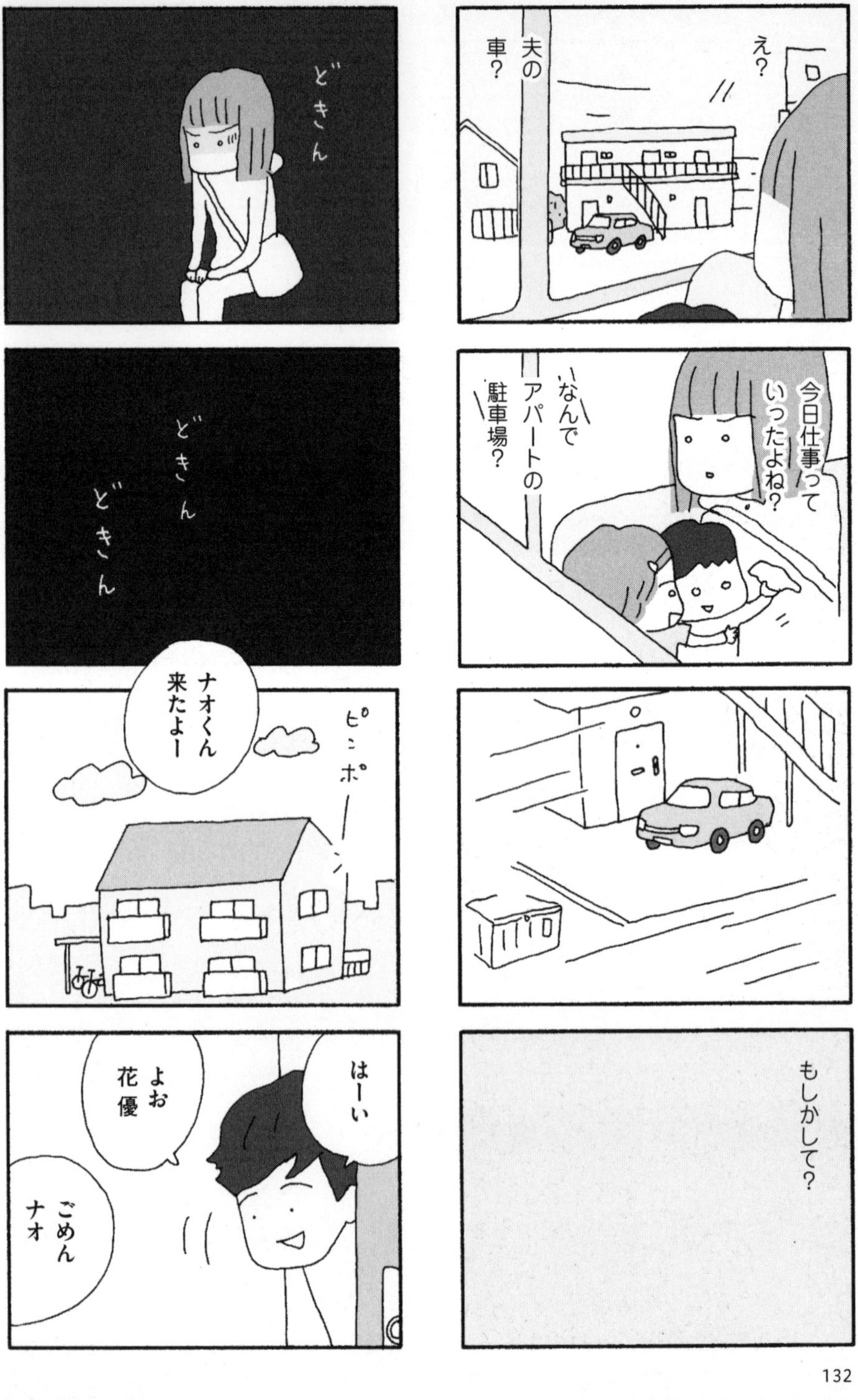

え？
夫の車？
どきん
今日仕事っていったよね？
なんでアパートの駐車場？
どきん
どきん
ピンポー
ナオくん来たよー
もしかして？
はーい
よお花優
ごめんナオ

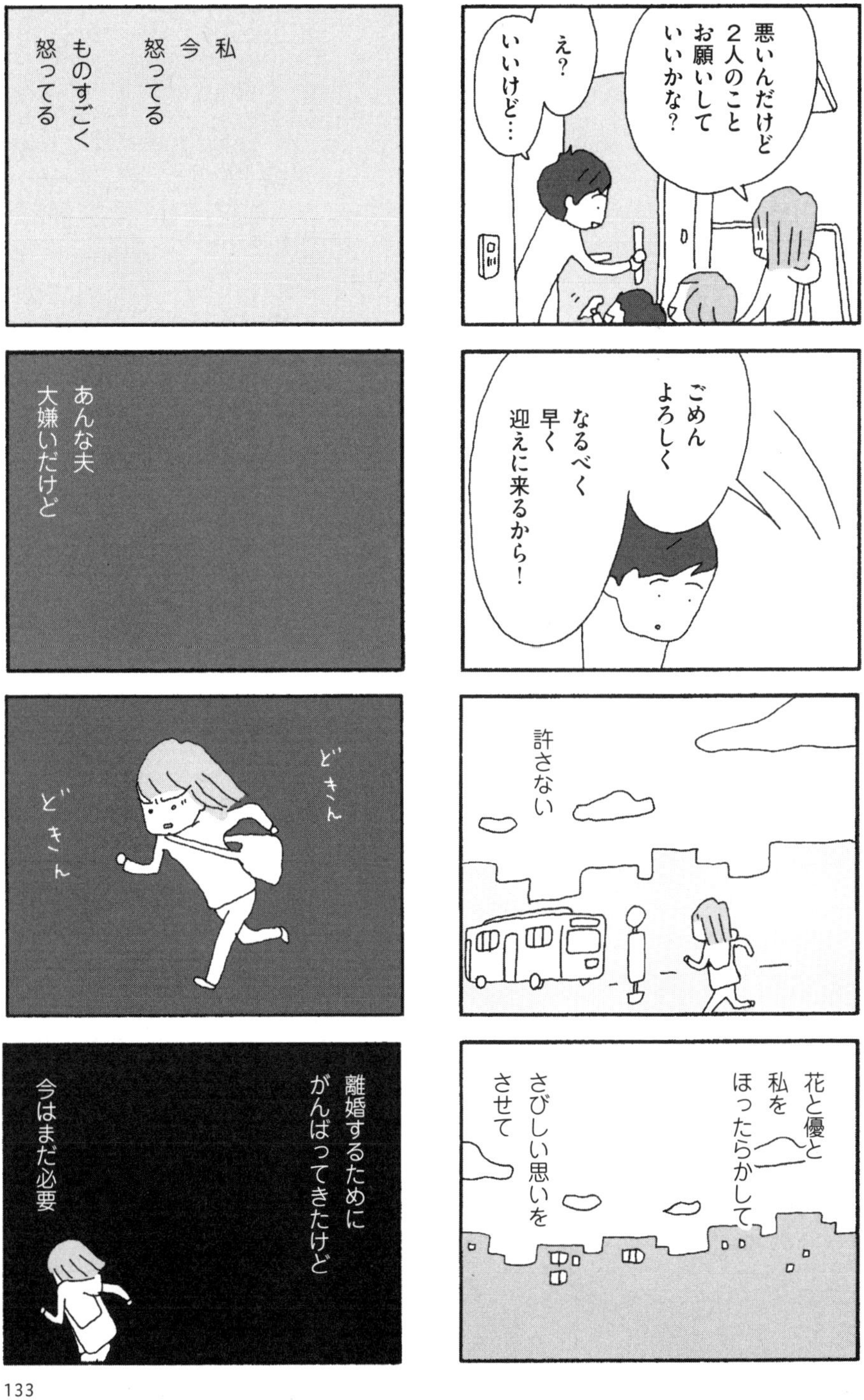

悪いんだけど
2人のこと
お願いして
いいかな？
え？
いいけど…
ごめん
よろしく
なるべく
早く
迎えに来るから！
許さない
花と優と
私を
ほったらかして
さびしい思いを
させて
私
今
怒ってる
ものすごく
怒ってる
あんな夫
大嫌いだけど
どきん
どきん
離婚するために
がんばってきたけど
今はまだ必要

【第30話】怒号

はー
はー
はー
どこの部屋?
こーじーまー
カンカン
カンカン
カンカン
男の子の声…
こじまーこれやってー
こじま?夫のことよね?
ピンポーン
どきどき
どきどき
私…どうしたいんだろう?
だれー?
ガチャ
誰?
しらないおばさんー

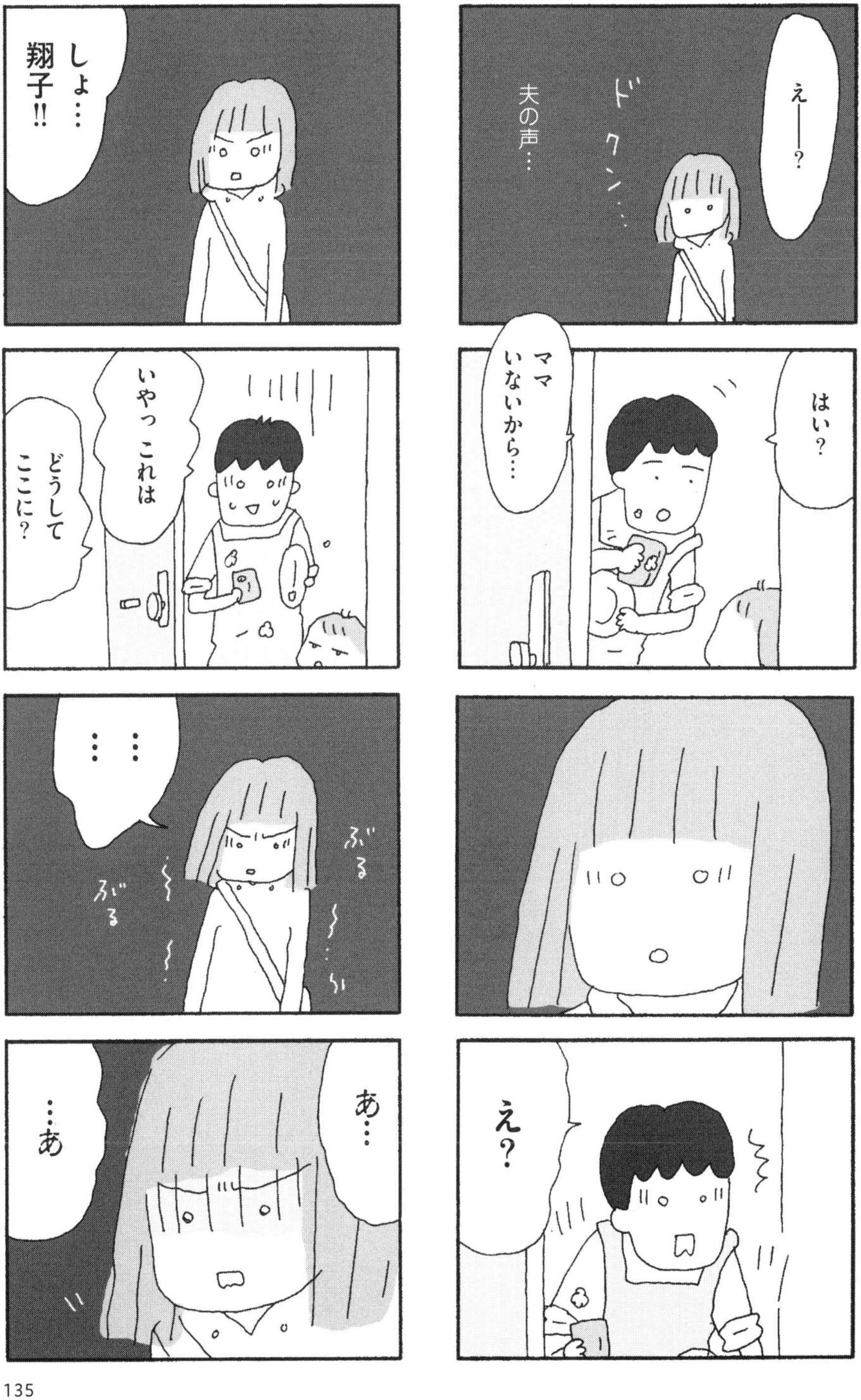
え――？
ドクン…
夫の声…
はい？
ママ いないから…
え？
しょ…翔子!!
いやっ これは
どうして ここに？
……
ぶる
ぶる
あ…
…あ

あんたなんか
いらない
ちょ ちょ
ちょ ちょ
ちょ
ちょっと
待てっ
こんなやつ!
あげるわよ!
え…
あんたなんかとやってけない
離婚だよ!!
もう

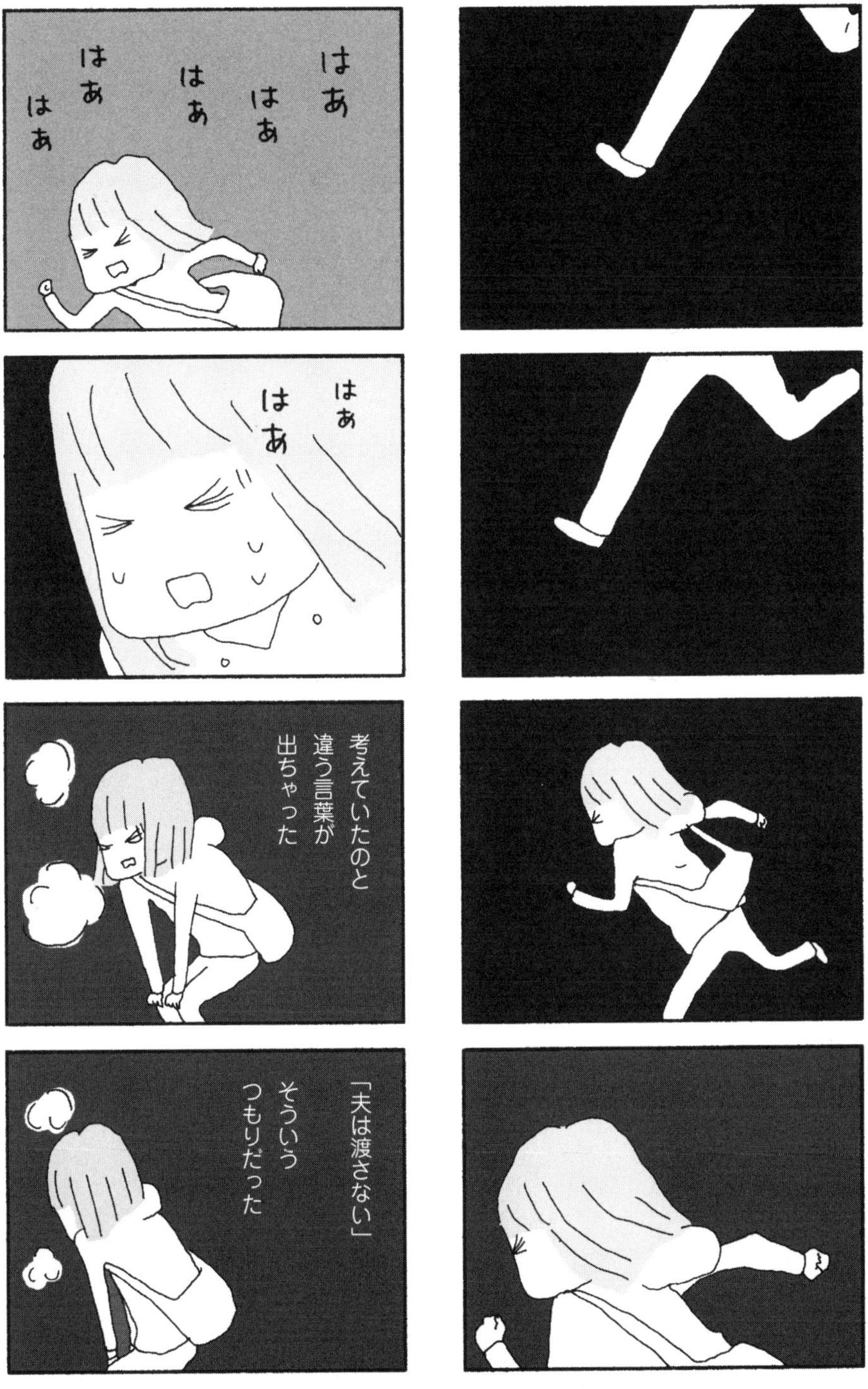
はあ
はあ
はあ
はあ
はぁ
はあ
考えていたのと違う言葉が出ちゃった
「夫は渡さない」
そういうつもりだった

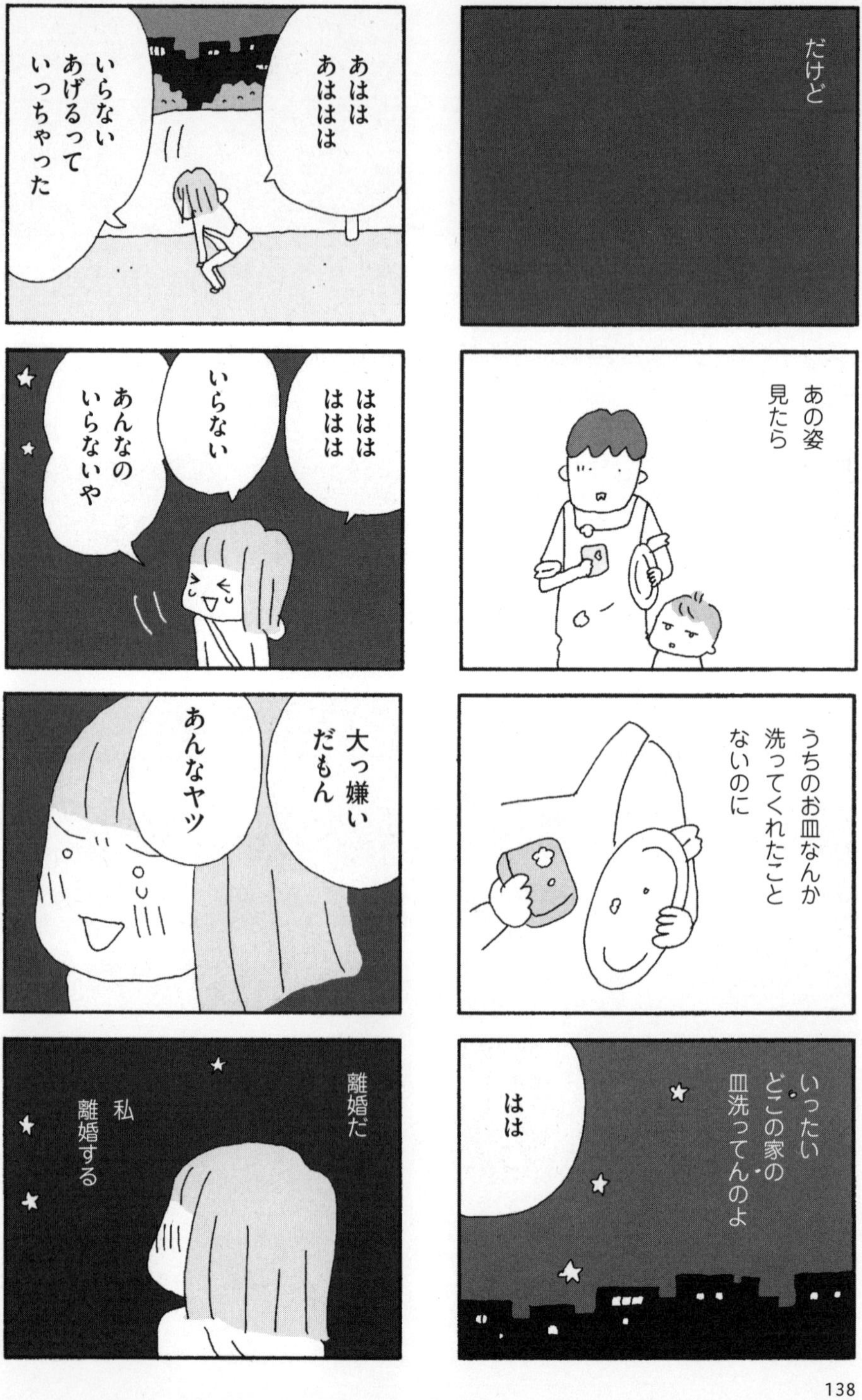
だけど
あの姿
見たら
うちのお皿なんか
洗ってくれたこと
ないのに
いったい
どこの家の
皿洗ってんのよ
はは
あはは
あははは
いらない
あげるって
いっちゃった
ははは
ははは
いらない
あんなの
いらないいや
大っ嫌い
だもん
あんなヤツ
離婚だ
私
離婚する

大丈夫
仕事もある
お金もちょっとある
世の中 一人で
子ども育ててる人
いっぱいいる
私だって
なんとかやっていける
はずだ
これと
あれと
持てるだけ
持って
よいしょ
ごめん
クマくんは
大きい…
家を
出るんだ

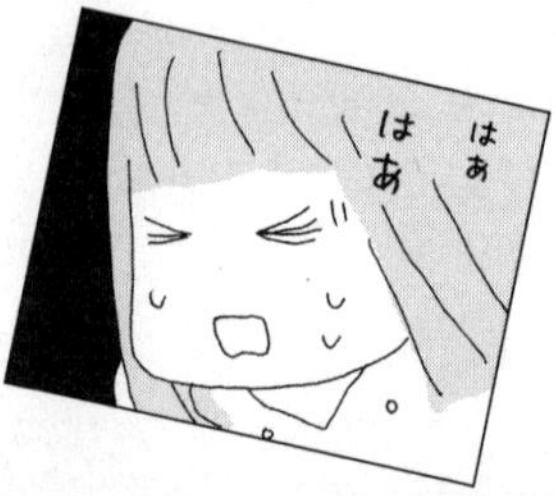

離婚してもいいですか?

翔子の場合

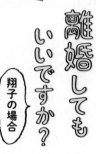

【8章】

離婚して私一人で子ども育ててみせてやる

【第31話】来訪

ごはん
できたよー
はーい
ごはん
できたよ!
ごはん!
うん
うん
こんな
せまい
部屋だからね
ちゃんと
聞こえてる
よ…
お皿が
ないから
みんなで
食べよう
ね!
いただき
まーす
いただ
きます
今日いい
天気ね
ママー
みてー
ぼく
ピーマン
たべたよ
あら
エライ!
ナオくん
これあげる
あり
がと
たのしい
ね
たのしい
ね!
せまいけど
おいしいね!
姉ちゃん…
これ…
いつまで
続くのかな?

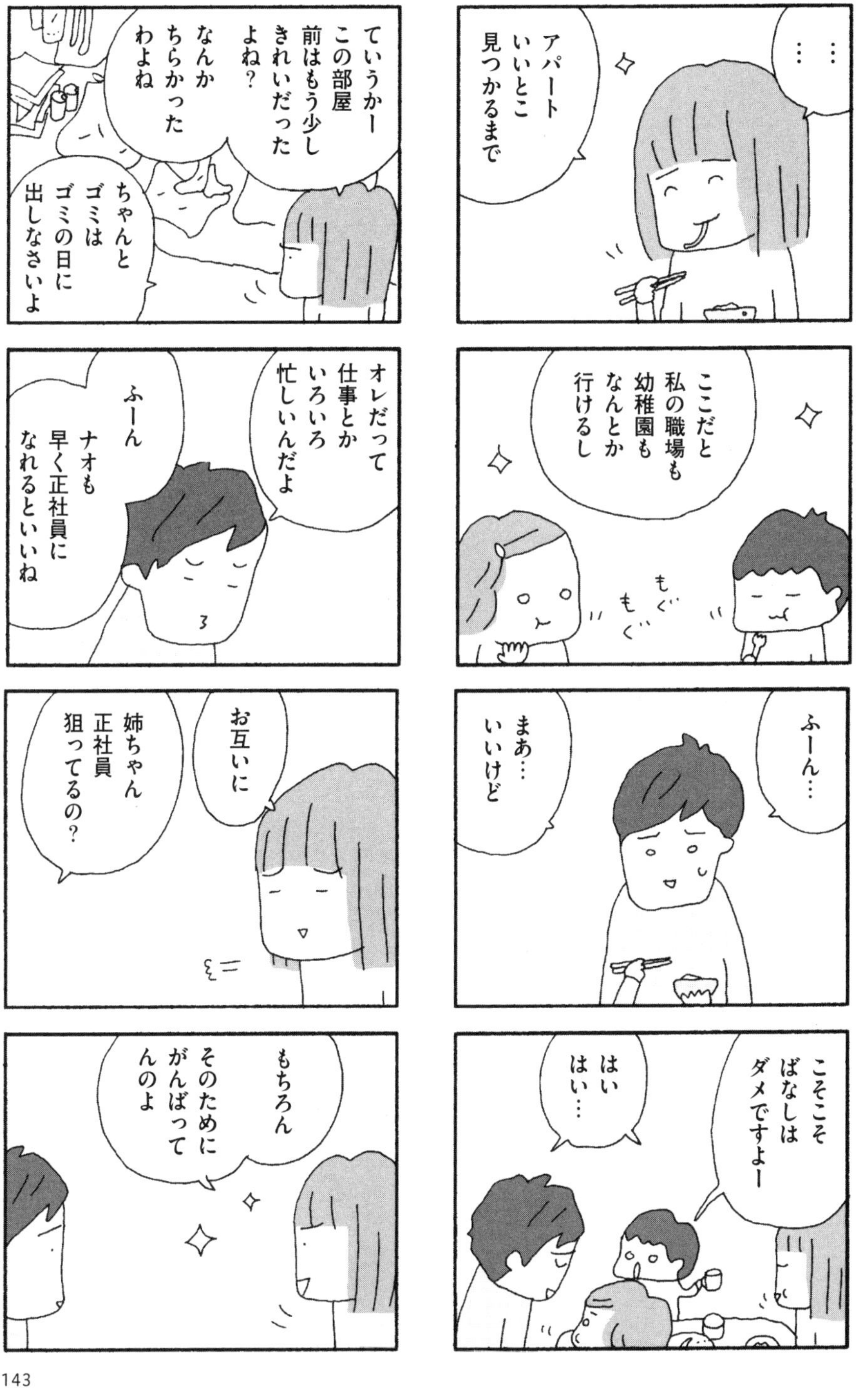
……
アパート いいとこ 見つかるまで
ここだと 私の職場も 幼稚園も なんとか 行けるし
もぐ もぐ
ふーん…
まあ… いいけど
こそこそ ばなしは ダメですよー
はい はい…
ていうかー この部屋 前はもう少し きれいだった よね? なんか ちらかった わよね
ちゃんと ゴミは ゴミの日に 出しなさいよ
オレだって 仕事とか いろいろ 忙しいんだよ
ふーん ナオも 早く正社員に なれるといいね
お互いに
姉ちゃん 正社員 狙ってるの?
もちろん そのために がんばって んのよ

そんなん だったっけ? 姉ちゃんて
あ優 それ さわっちゃ ダメ
えー さわりたい
こわさない からー
ダメー
さわり たいの!!
しーっ
となりの おじさんが びっくり しちゃうから もうちょっと 声小さく してね
どん どん
足も どんどん しちゃ ダメ!
しーっ
アパート… 花と優と 3人で住んだら こんなかんじ なんだろな
アパートって 音ひびくな
おとなりの くしゃみが 聞こえる

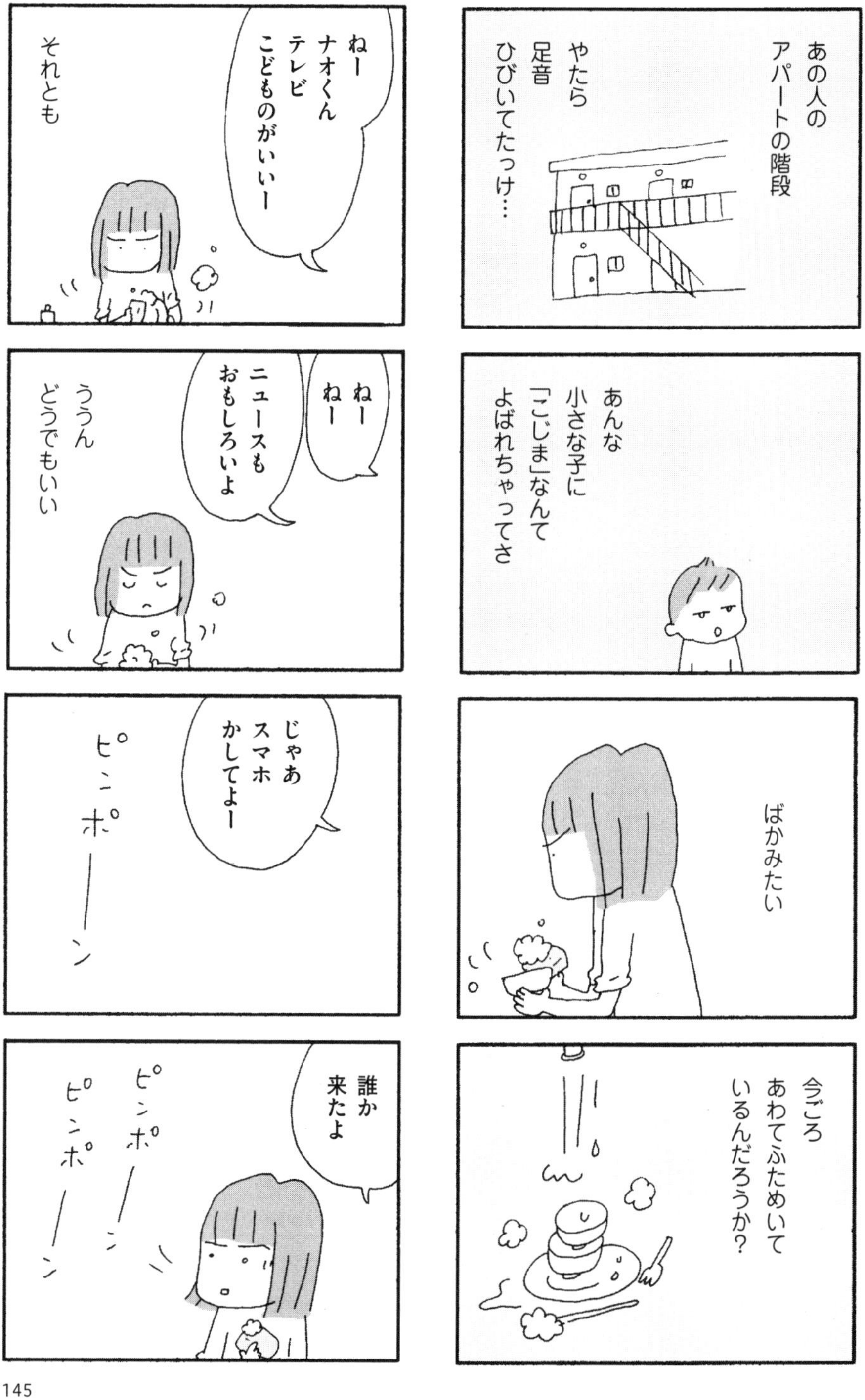
あの人の
アパートの階段
やたら
足音
ひびいてたっけ…
あんな
小さな子に
「こじま」なんて
よばれちゃってさ
ばかみたい
今ごろ
あわてふためいて
いるんだろうか?
ねー
ナオくん
テレビ
こどものがいいー
それとも
ねー
ねー
ニュースも
おもしろいよ
ううん
どうでもいい
じゃあ
スマホ
かしてよー
ピンポーン
誰か
来たよ
ピンポーン
ピンポーン

もしかして?
夫?
ピンポーン
ピンポーン
ピンポーン
連打…
えっ?
えっ?
ママー
ピンポン
なってるよ
ぼくが
でるっ
あっ
優…
はーいっ
あ
おじーちゃん
だよ
えっ?
翔子
いるか!?
なんで
お父さん?

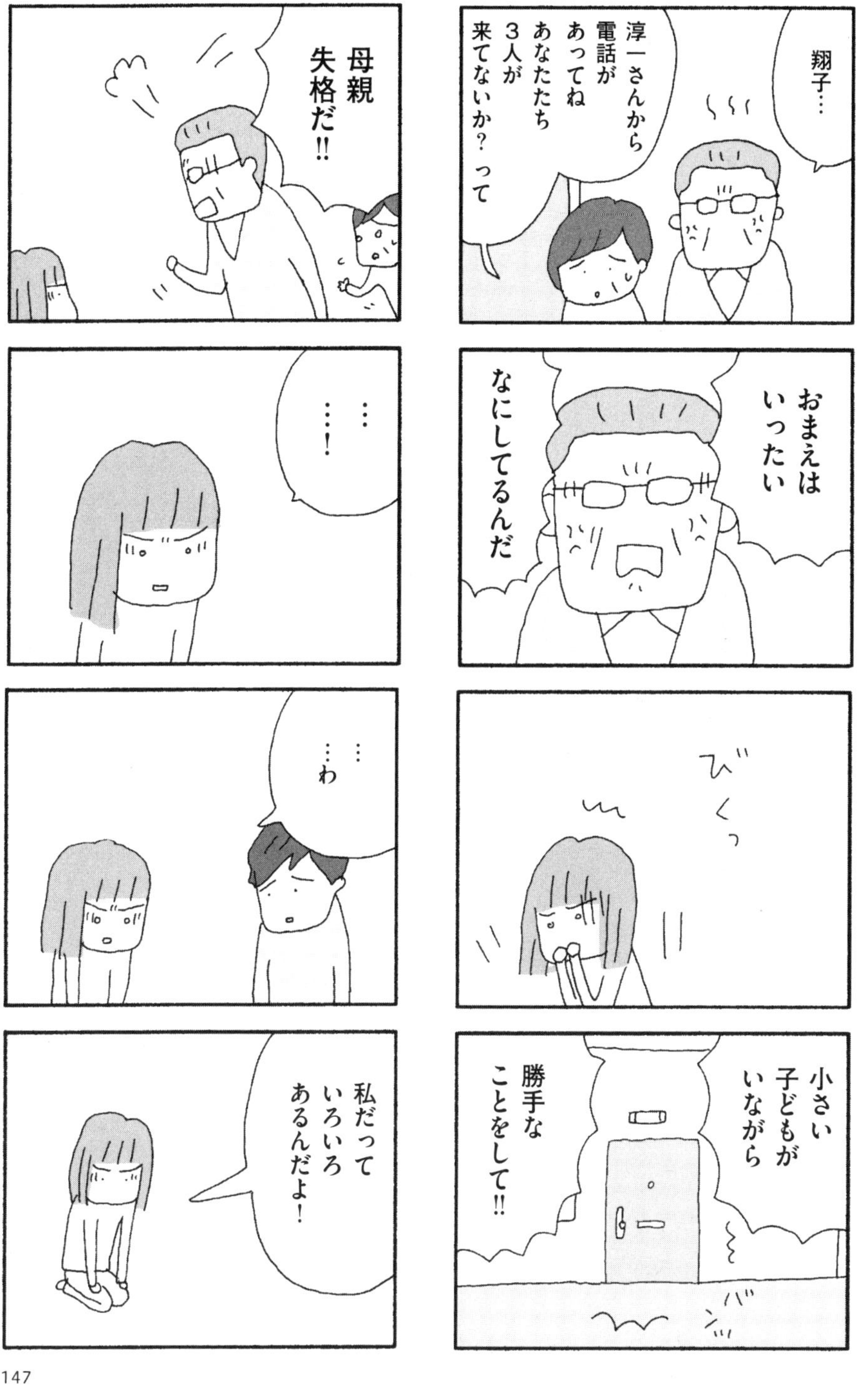
翔子…
淳一さんから電話があってねあなたたち3人が来てないか？って
おまえはいったいなにしてるんだ
びくっ
小さい子どもがいながら勝手なことをして!!
バン
母親失格だ!!
……!
……わ
私だっていろいろあるんだよ！

【第32話】対峙

私だって…いろいろあるんだよ
なんだと?
私にだっていろんなことがあっていろいろあってこうなってる
父さんには関係ない!
どんっ
びくっ
関係あるだろ!!
ちょっと…父さんてば大きな声出すなよ
翔子…そんないい方ないでしょ
こここの際だからいわせてもらうけど

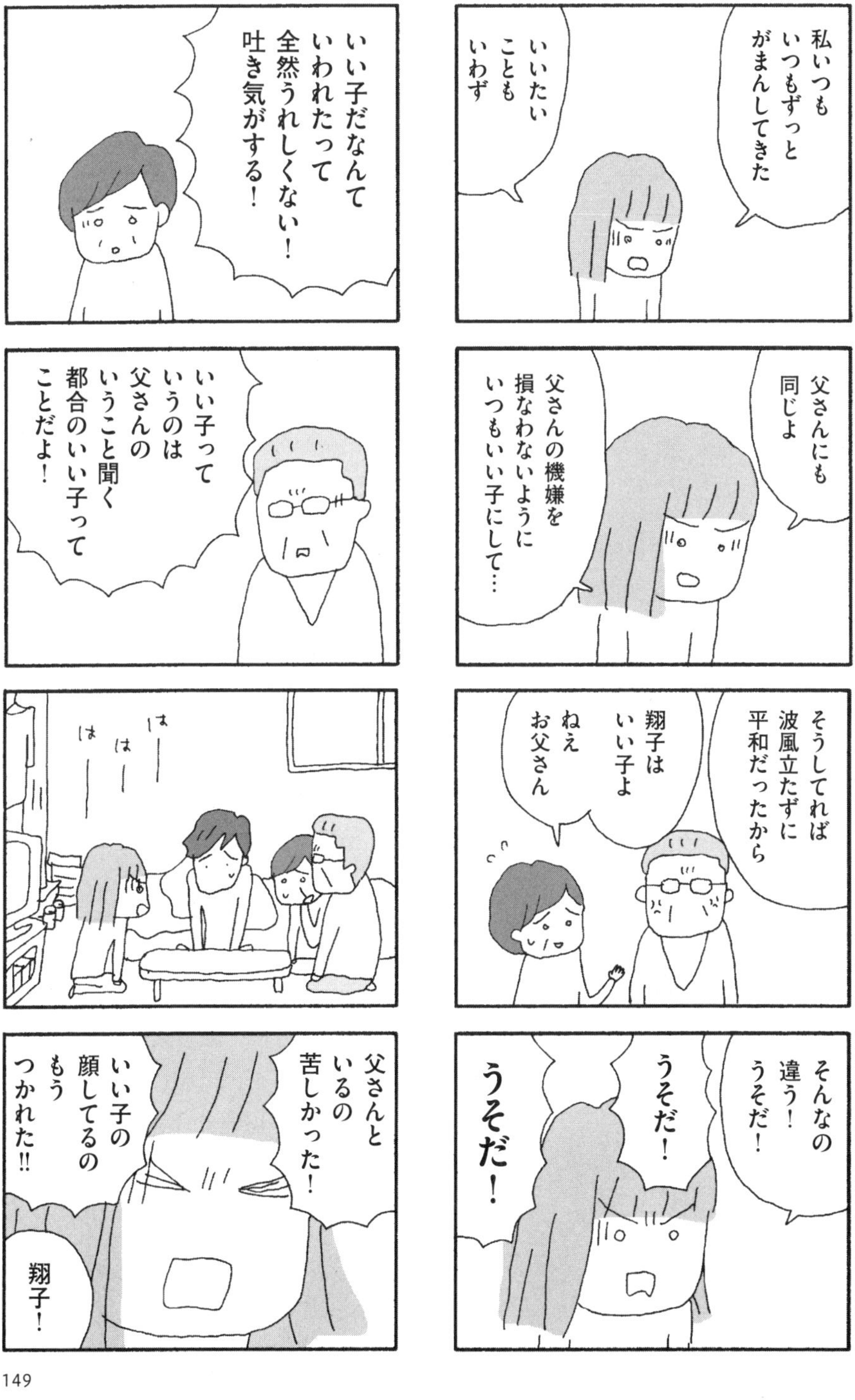
私いつもいつもずっとがまんしてきた
いいたいこともいわず
父さんにも同じよ
父さんの機嫌を損なわないようにいつもいい子にして…
そうしてれば波風立たずに平和だったから
翔子はいい子よねえお父さん
そんなの違う！うそだ！
うそだ！
うそだ！
いい子だなんていわれたって全然うれしくない！吐き気がする！
いい子っていうのは父さんのいうこと聞く都合のいい子ってことだよ！
はー
は
はー
は
父さんといるの苦しかった！
いい子の顔してるのもうつかれた!!
翔子！

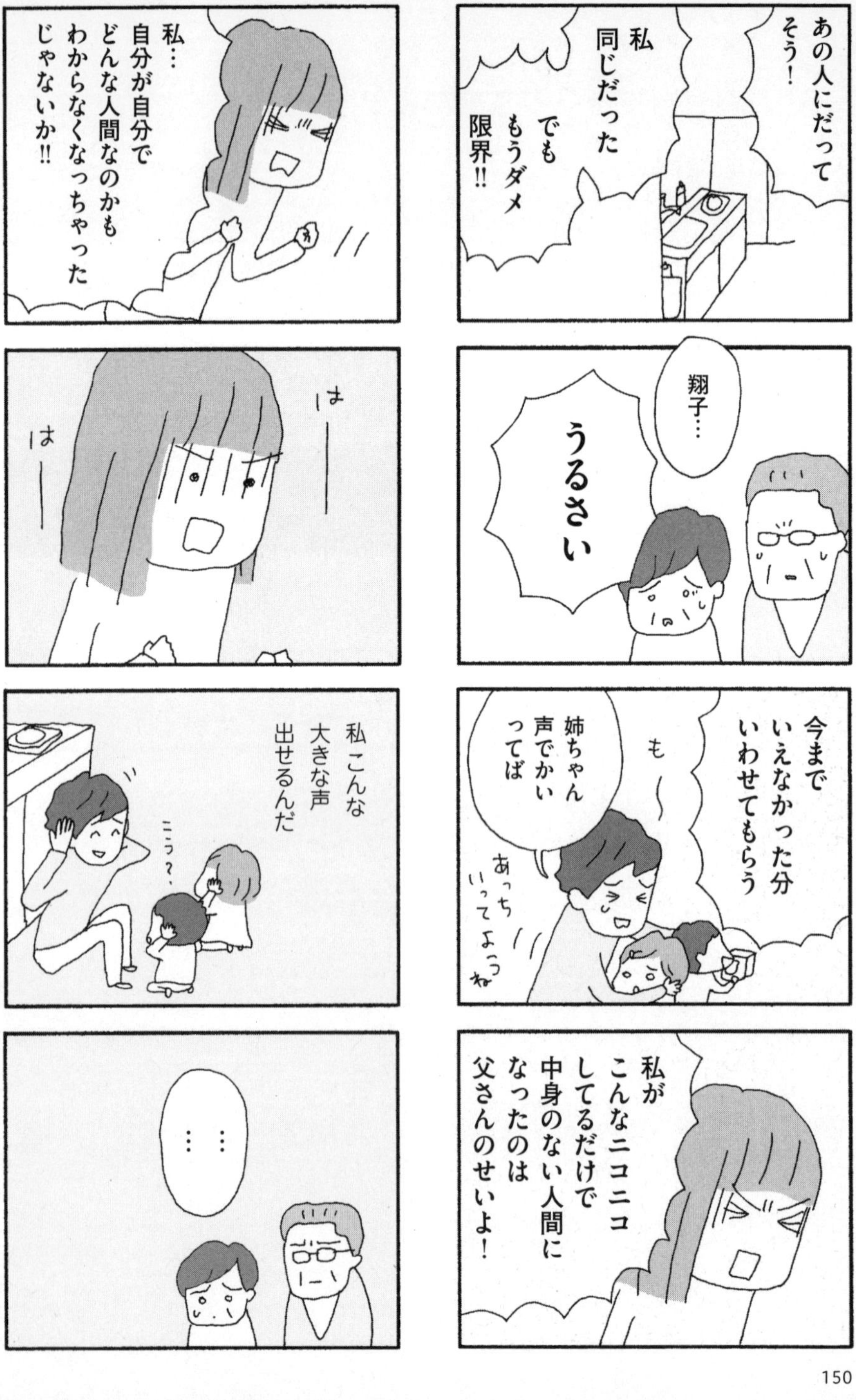
あの人にだって
そう！
私
同じだった
でも
もうダメ
限界!!
翔子…
うるさい
今まで
いえなかった分
いわせてもらう
も〜
姉ちゃん
声でかい
ってば
あっち
いってようね
私が
こんなニコニコ
してるだけで
中身のない人間に
なったのは
父さんのせいよ！
私…
自分が自分で
どんな人間なのかも
わからなくなっちゃった
じゃないか!!
は〜
は〜
私こんな
大きな声
出せるんだ
ニコ?
…　…

そうか
どきん
ぺこり
父さんが
あやまるなんて
思っても
みなかった
父さん…
悪かった
ごめんな
父さんの
ひとことで
胸の中に
モヤモヤしてたものが
あっさり
流れていく

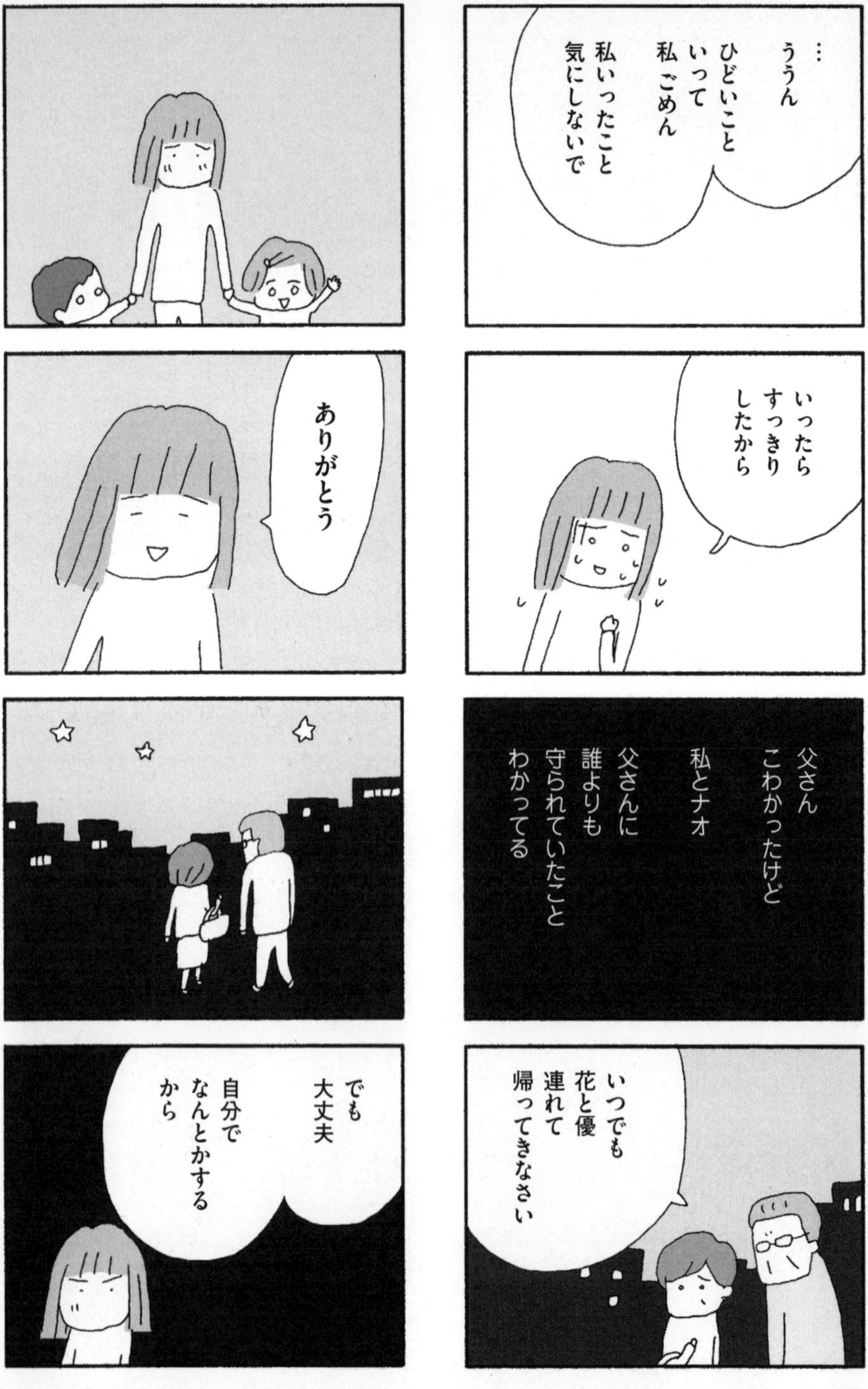
…ううん
ひどいこと いって 私 ごめん
私いったこと 気にしないで
いったら すっきり したから
父さん こわかったけど
私とナオ 父さんに 誰よりも 守られていたこと わかってる
いつでも 花と優 連れて 帰ってきなさい
ありがとう
でも 大丈夫
自分で なんとかする から

もう夫に会うつもりはないけど
もしも夫にも
胸の中にたまったものを吐き出していたのならなにか変わっていたのかもしれない？のかと
ちゃんと怒りを辛さをぶつけていたらこうはならなかったのかもしれないと
ふと思う
もう遅いけどね
いったいあいつはどこに行ったんだよ？
ブロックされてるし…
あいつがあんなに怒るのはじめてみた…
あいつ…怒れるやつだったんだ

【第33話】反省

あいつ
あのとき
すごい顔してたな
目つり上げて
眉間にしわよせて
すげえ
大声でさ
「あんたなんか
いらない」って
「離婚だよ
もう」って
ふぅ……
室井と
なんかあるって
勘違いしたんだよな…
でも
オレ
バカなのかな？
あのとき
「こいつ」
「おもしろいじゃん」
って思った
だって今まで あいつ
オレが何やっても
いっても
笑顔で
ごまかされてるような
かわされてるような
そんなかんじだったのに

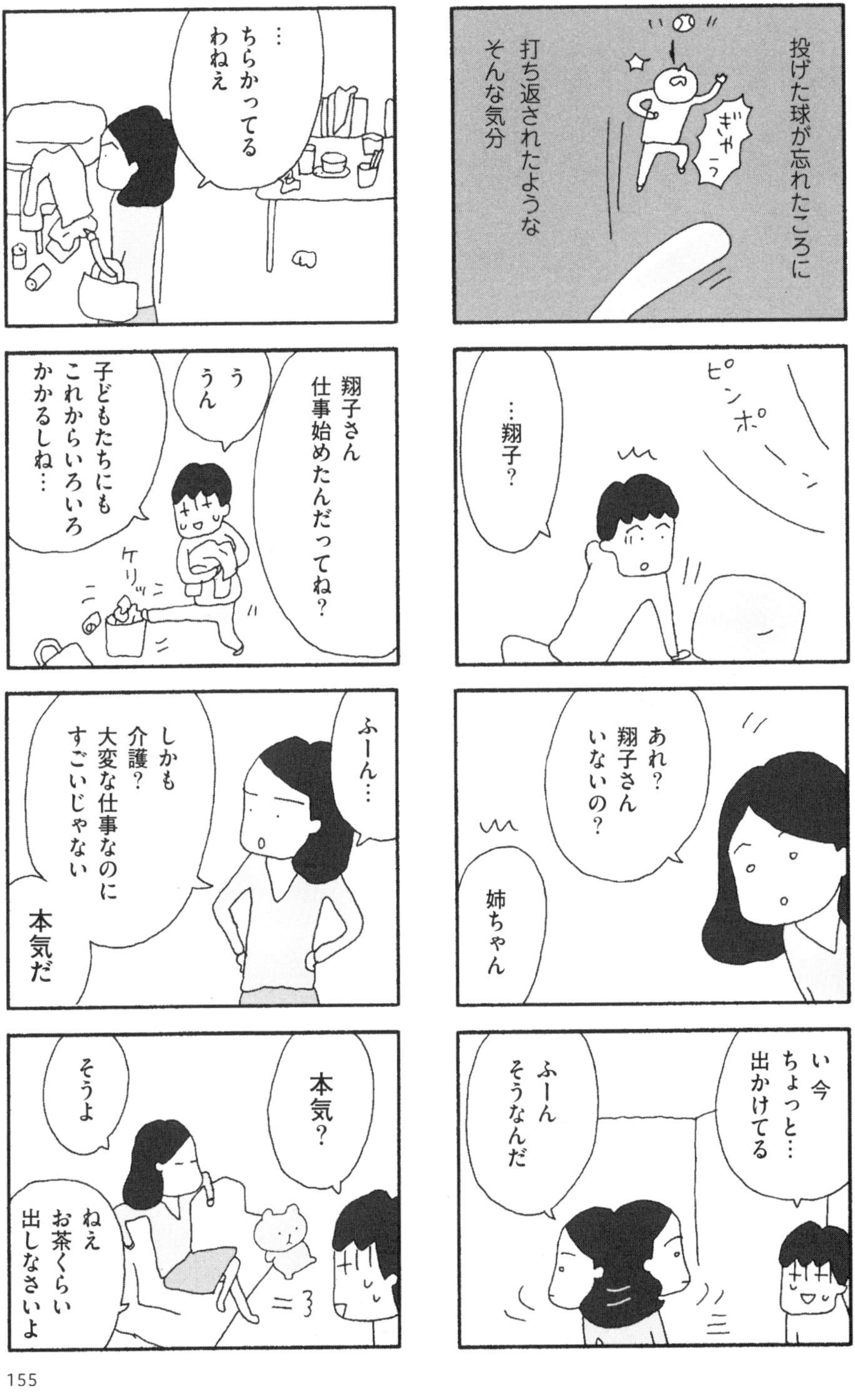
投げた球が忘れたころに
打ち返されたような
そんな気分
ぎゃっ
ピンポーン
…翔子?
あれ? 翔子さん いないの?
姉ちゃん
い 今 ちょっと… 出かけてる
ふーん そうなんだ
…ちらかってるわねえ
翔子さん 仕事始めたんだってね?
う うん
子どもたちにも これからいろいろ かかるしね…
ケリッ
ふーん…
しかも 介護? 大変な仕事なのに すごいじゃない
本気だ
本気?
そうよ
ねえ お茶くらい 出しなさいよ

えー
えー じゃ ないでしょ 客!
…どうぞ
ペットボトルって…
あたたかい お茶が のみたかった…
え? なになに?
……
……
なに?
あんた ちゃんと 手伝ってる?
翔子さん 仕事始めたのに なにも変わらず ふんぞり返って ないでしょうね?
えっ
やや やってるよ
気をつけ なさいよ
なにを?
翔子さんっていつも ニコニコしてるけど
ああいうタイプはさ 心にためにためこんで ある日 急に
「ちょっとおしょうゆ 買ってくるね」 なんていって
家を出ていったきり 戻ってこなかったりする タイプだからね

……
ななんだよ
それ
奥さんが文句ひとつ言わなくなってただニコニコするようになったら
それ あきらめられたってことだからね
間違っても奥さんの笑顔の上にあぐらかいちゃだめよ
……
……
どき
もしかして室井のことだけじゃないのか？
……
……
どき
どき
あんたってさ人にはきびしいこというくせに自分がガツーンっていわれるととたんにショボーンってするタイプじゃない？
あんたみたいなのがひとり身になったらショボくれること間違いなしなんだからね
グサ
グサ
グサ
私のまわりでもバツイチのオジさんがけっこういるけどさ

うちの弟がそうなりませんように
おがむなよっっ
あーあ
しかたがない
帰るか
姉ちゃん
なにしに
来たの？
しょうゆ
買いに出た
ついでに
よってみた
はあ？
家に帰ったら
荒れはてた
家の中が
ピッカピカに
片付いて
いたらなあ
はーあ…
ガチャ…
夫はわからんちん
だし 子どもは
わがままだし…
…
姉ちゃん
大丈夫？

そういうの ちゃんと 翔子さんに いってる?
ゴシ
ゴシ
翔子と 姉ちゃんは 全然タイプが 違うじゃ ないか…
ゴシ
ゴシ
ゴシ
いや
翔子… いつのまにか 変わってたのか?
オレ これから
どうなっちゃうん だろう…
ウィーン
ウィーン
ウィーン…

【第34話】宣告

久しぶりに
荷物をとりに
こっそり
家に帰ったら
キチン
キチン
ピカ
ピカ
換気扇までピカピカ
じゃないか…
…
ガチャ…
翔子?
帰ったのか?
はっ
さっ
なにかくれてるんだよ!
今どこにいるんだよ?
子どもたちは?
全然
連絡
つかないし
おまえ
なんか勘違い
してるって!

子どもたちは大丈夫
帰ってきたわけじゃない荷物とりに来ただけだから
後で離婚届け送る
なんで離婚とかいうんだよ？
聞けよ！オレ 室井とはなんでもないって！
あいつ会社の近くの店で働いてるから話すことたまにあって
あのときは
あれ？手どうしたの？
家具の組み立てしてたらやっちゃってさ
家具はできあがらないしケガするしでやになるわ
あーあ…大丈夫？
オレ手伝おっか？
それであの日仕事終わりに手伝いに行って…
おーい室井ー来たぞー
それけっこう傷深いんじゃないの？
子ども見ててやるから病院行ってくれば？
いい？ごめん
――っていうかすごいな
ちょっと洗ってやるか…

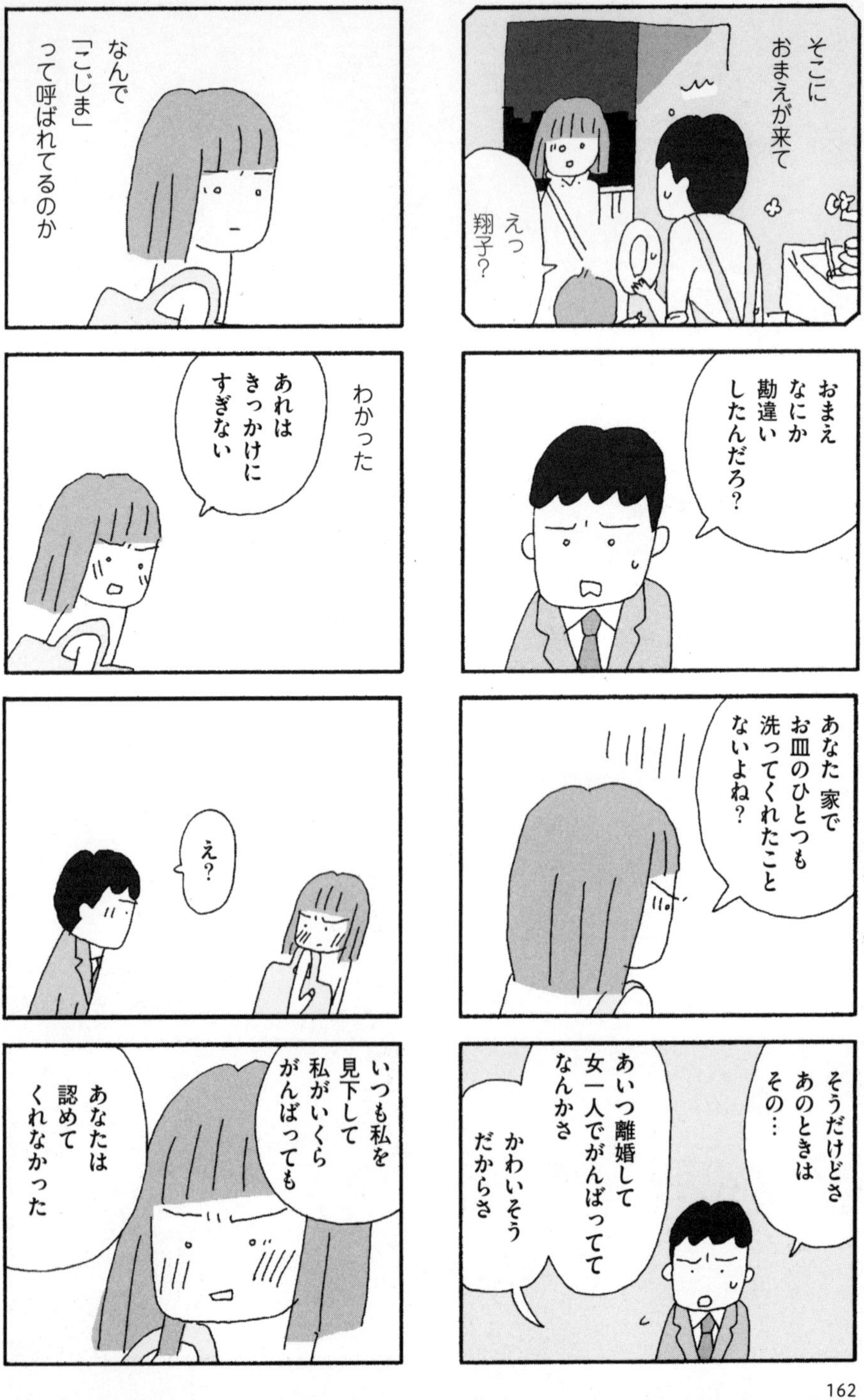
そこに
おまえが来て
えっ
翔子?
なんで
「こじま」
って呼ばれてるのか
おまえ
なにか
勘違い
したんだろ?
わかった
あれは
きっかけに
すぎない
あなた 家で
お皿のひとつも
洗ってくれたこと
ないよね?
え?
そうだけどさ
あのときは
その…
あいつ離婚して
女一人でがんばってて
なんかさ
かわいそう
だからさ
いつも私を
見下して
私がいくら
がんばっても
あなたは
認めて
くれなかった

私 毎日あなたに ごはんを作るのが 嫌でしょうがなかった
あなたに ごはんの 点数つけられるのが 嫌だった
すぐ 機嫌悪くなるのも 怒りっぽいのも 大嫌い ずっと がまんしてきた
いつも あなたの機嫌を 損なわないようにって…
そんな 生活
もう 限界
だから 離婚したいの
子どもたちは 私が育てる
なんだよ それ？
オレ やだよ
おまえと 離婚したくない
たのむから 考え直して くれ

オレは花と優にあんな生活させたくない
だからこの人「こじま」なんだよ
室井さん腹くくって一人でがんばってるのに
「かわいそう」なんて思ってるなんて
急にいいパパみたいなこといわないで
いつもあなたは子どもたち私に任せたきりだったじゃない
父親らしいことしたことある?
オレ悪いとこ直すから
もう
決めたから
ほんとにごめん
悪かった

父さんと一緒だ
でも父さんと違う
今までたまったものが流れてなんかいかない
この人は私が困っている顔を見たいだけ
涙浮かべてあやまるかわいそうな自分を見せて
私に罪悪感がわいてくることを望んでる
でももう知るもんか
前に私に「おまえ一人で子ども育てるとかできる?」って聞いたよね?
やってみせるわよ
離婚して私一人で子ども育ててみせてやる!
私は私のために生きる

離婚しても いいですか?
翔子の場合

【9章】

私の心と子どもの心を守ればそれでいい

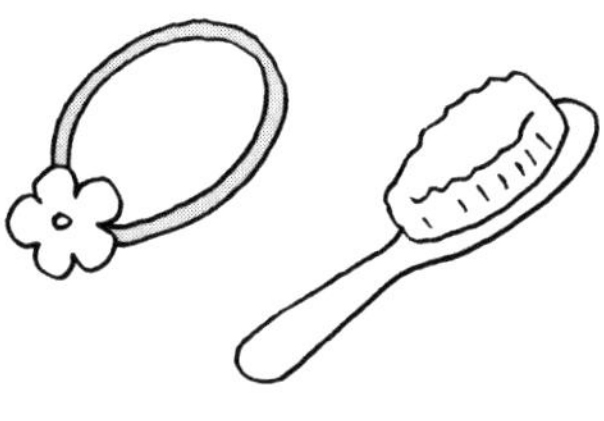

【第35話】緩和

もう
こんな
時間
はーちゃん
優くん
もう少し
ごはん
いそいで
食べようか？
パンのみみ
のこして
いい？
ママー
きょう
ピンクの
くつしたが
いい
ママ
コーヒーは？
ありがと
でも
ごめん
時間
ない
いいよ
オレ
片づけるから
ありがと

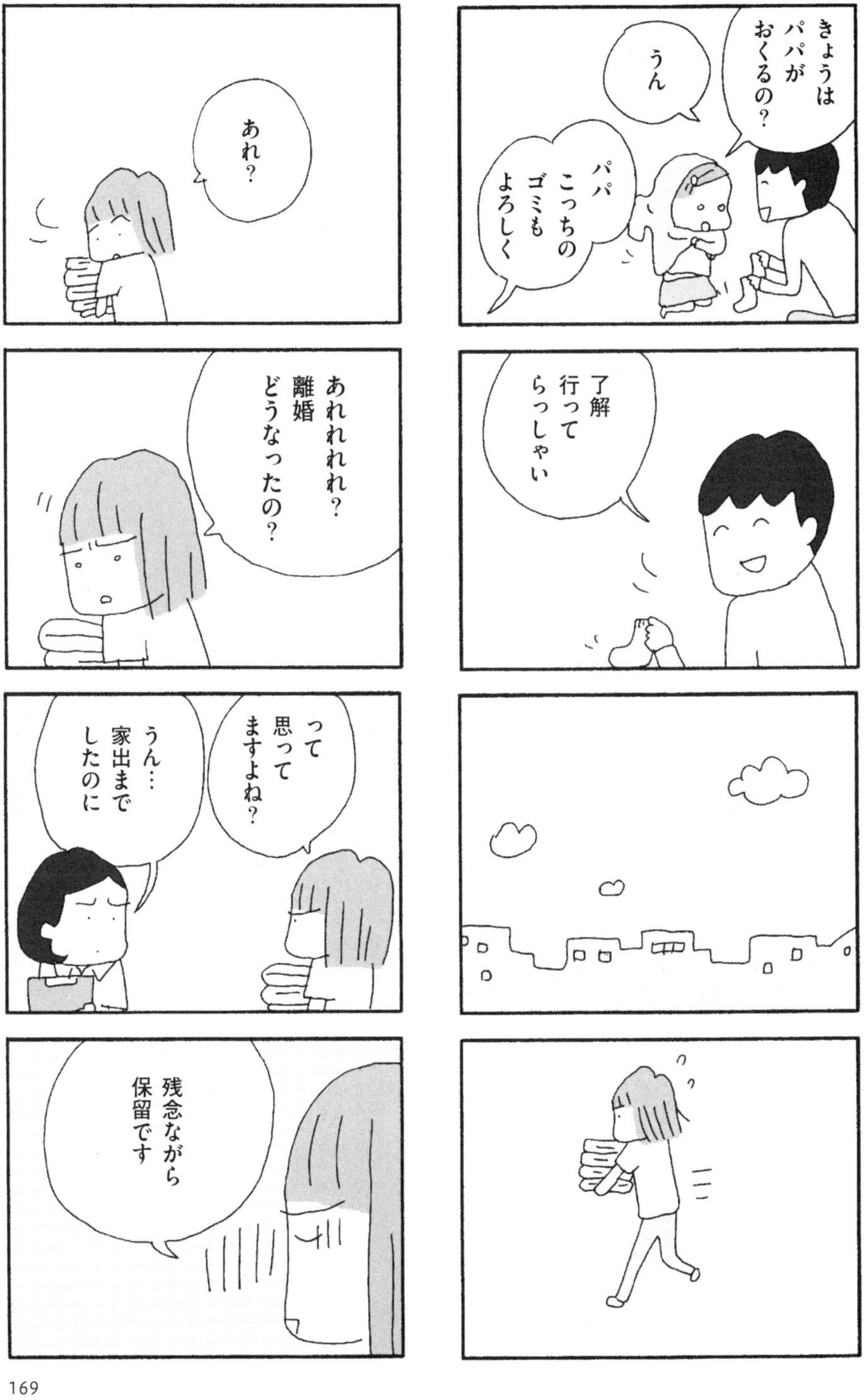
きょうは パパが おくるの？
うん
パパ こっちの ゴミも よろしく
あれ？
了解 行って らっしゃい
あれれれれ？ 離婚 どうなったの？
って 思って ますよね？
うん… 家出まで したのに
残念ながら 保留です

ふ───ん…
そうなんだ…
がっかりしてます？
正社員になったら夜勤あるからね
ニコッ
いやいやいやいやそんな
一番がっかりしてるのは私です…
そうだった
夜勤になったら子どもたちをどこに預ければ…
結局…住むところが見つからず
条件的にちょっと…
夜勤中に預けられる保育園は料金も高くてとても出せない
あ 小島さん正社員試験受けるんだよね？
でもさ夫が嫌いでも離婚しないでやっていけるならそのほうがいいよ
がまんしてでもやっていけるってことはやっていけるってことだよ

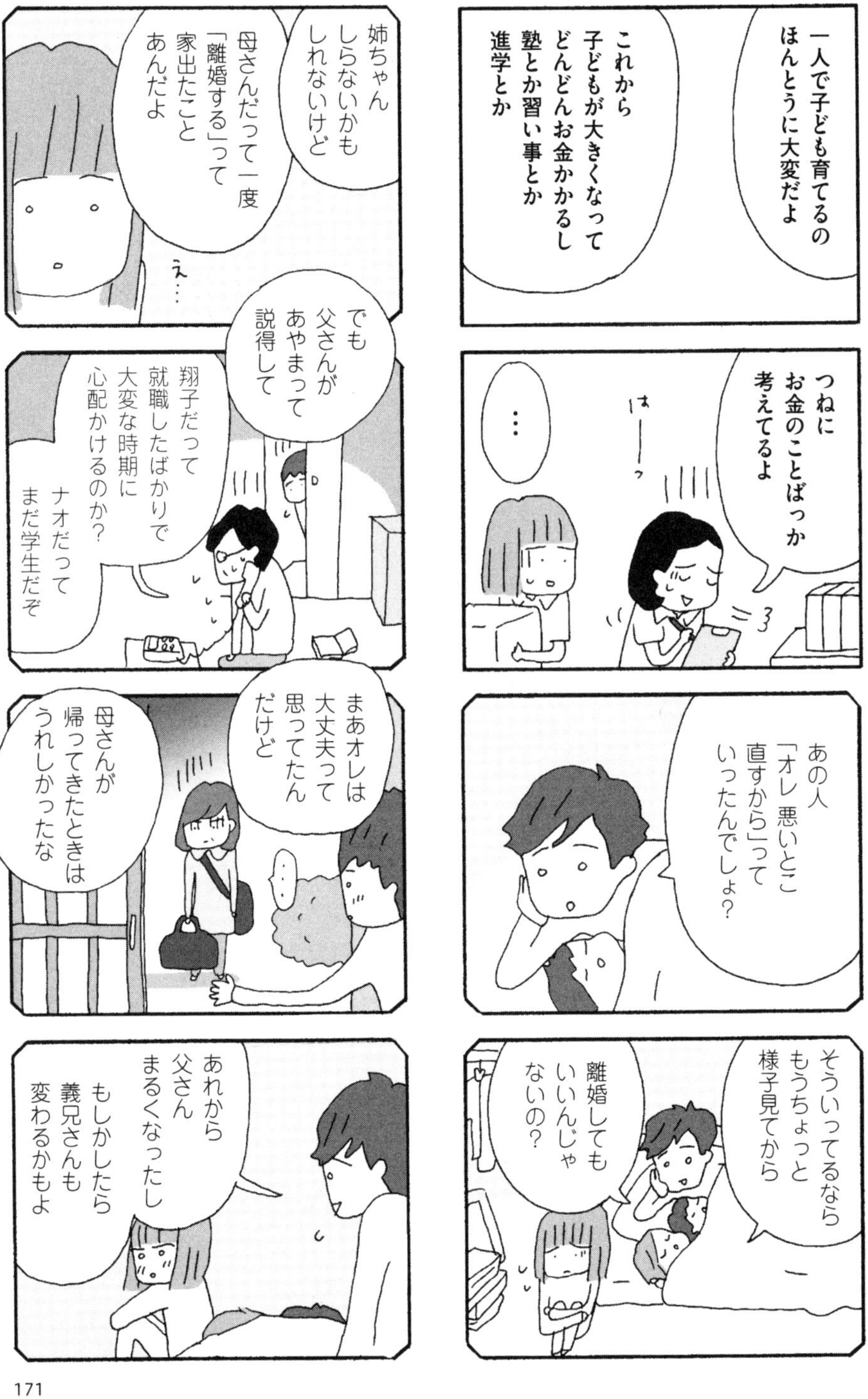
一人で子ども育てるのほんとうに大変だよ
これから子どもが大きくなってどんどんお金かかるし塾とか習い事とか進学とか
つねにお金のことばっか考えてるよ
はーーっ
…
あの人「オレ悪いとこ直すから」っていったんでしょ？
そういってるならもうちょっと様子見てから
離婚してもいいんじゃないの？
姉ちゃんしらないかもしれないけど
母さんだって一度「離婚する」って家出たことあんだよ
え…
でも父さんがあやまって説得して
翔子だって就職したばかりで大変な時期に心配かけるのか？
ナオだってまだ学生だぞ
まあオレは大丈夫って思ってたんだけど
…
母さんが帰ってきたときはうれしかったな
あれから父さんまるくなったし
もしかしたら義兄さんも変わるかもよ

あ 姉ちゃんに おしえたこと 母さんに 内緒ね
翔子に いわないでって いわれてた
お母さん ごめん
離婚しようと いざ 動いてみて わかる 不安…
お母さんが 戻ってきた 理由は きっと 私とナオ だ
仕事を変える? ここまで がんばったのに?
お母さんみたいに なりたくない なんて 思ったりして
あの室井さんの アパートに 向かって 走る中 心の中で思ってた

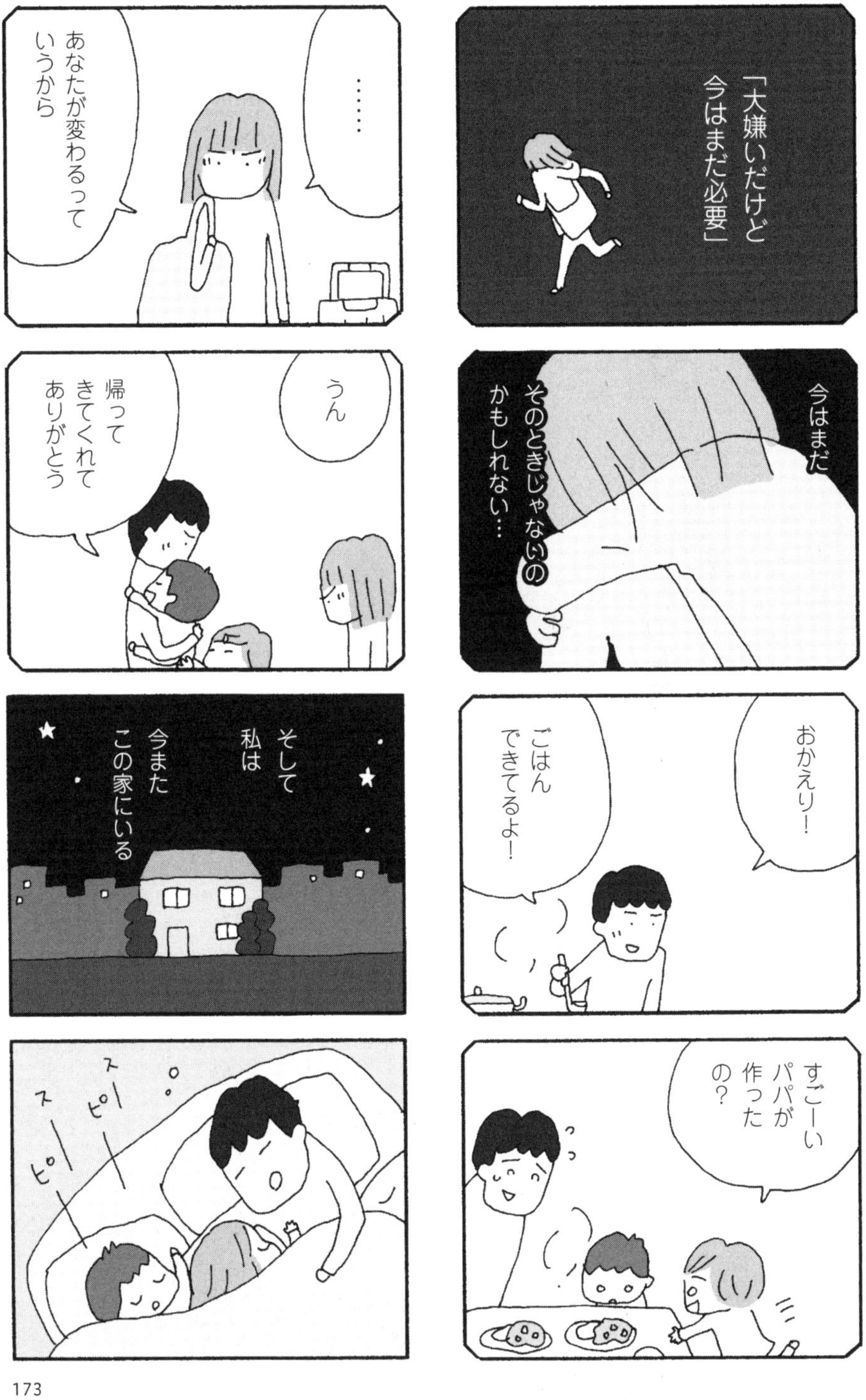
「大嫌いだけど
今はまだ必要」
今はまだ
そのときじゃないの
かもしれない…
おかえり！
ごはん
できてるよ！
すごーい
パパが
作った
の？
……
あなたが変わるって
いうから
うん
帰って
きてくれて
ありがとう
そして
私は
今また
この家にいる
スピー
スピー

くやしい
でも
なで
前の私と同じじゃない
なにか私変われたはず
わたしがんばったね
仕事を始めて資格をとってあの人に怒りをぶつけて家を出て
そしてあの人が変わるっていって
私が今またこの家に戻ることを自分で選んだ
うん…
前と同じなんかじゃない

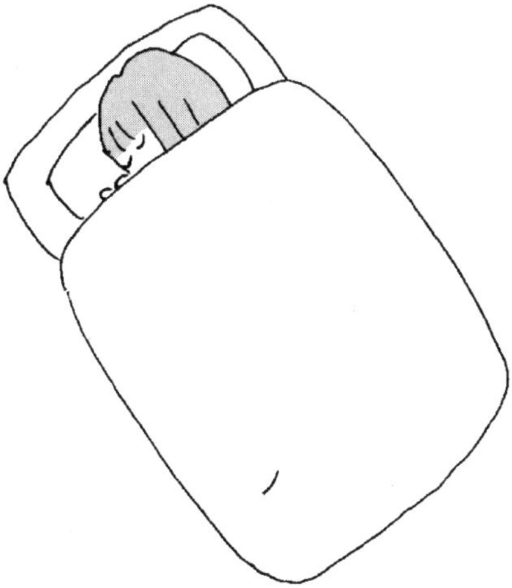

【第36話】理　由

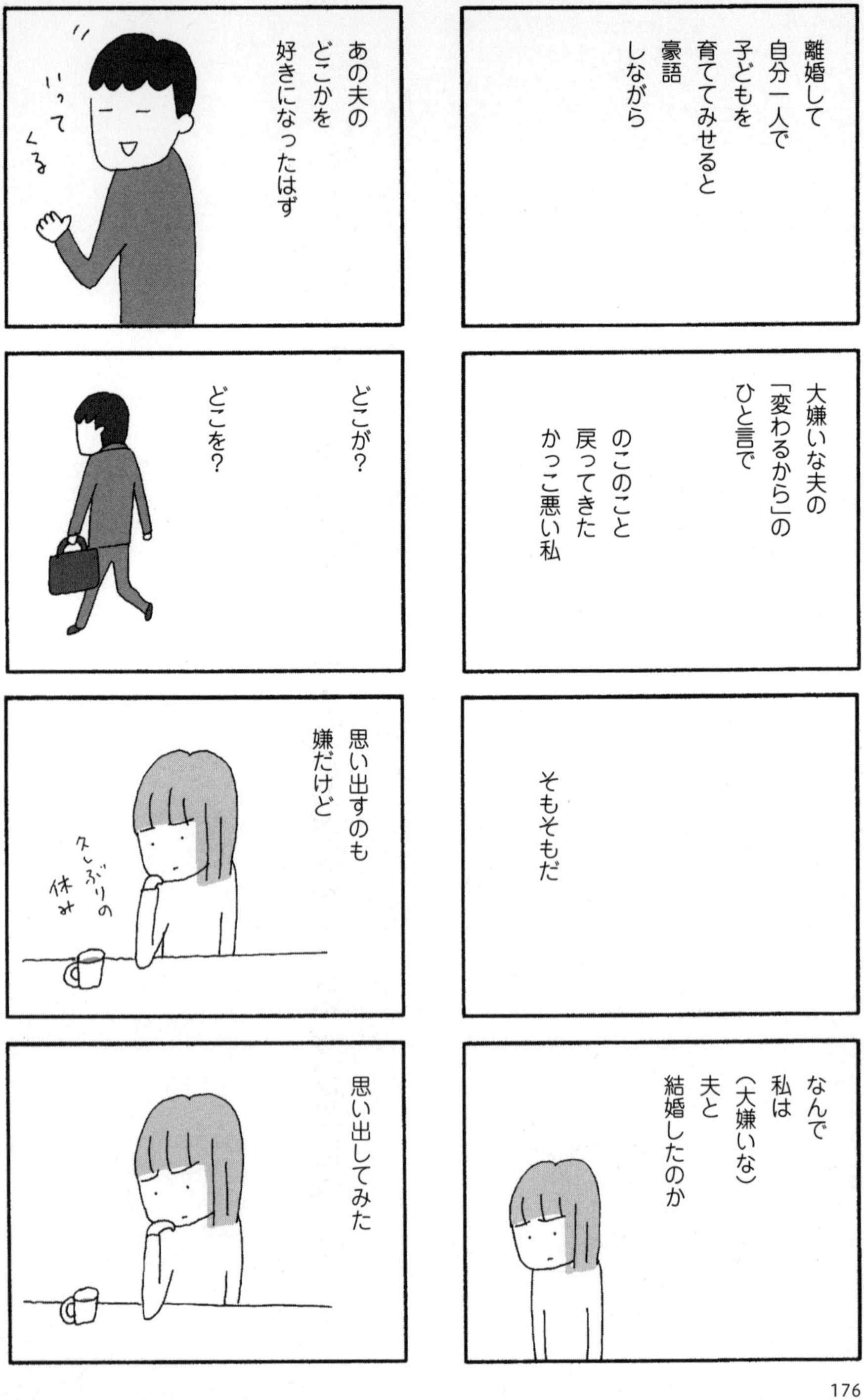

離婚して
自分一人で
子どもを
育ててみせると
豪語
しながら
大嫌いな夫の
「変わるから」の
ひと言で
のこのこと
戻ってきた
かっこ悪い私
そもそもだ
なんで
私は
(大嫌いな)
夫と
結婚したのか
あの夫の
どこかを
好きになったはず
いってくる
どこが?
どこを?
思い出すのも
嫌だけど
久しぶりの
休み
思い出してみた

そうだ
くくっ
くくくくっ
そうよ
最悪な夫の
最悪なところに
惹かれたんだ
おまえなー 合コンなのに
ジャージって なんだよ
オレ どうせ 穴うめだし
私はいつだって 人に嫌われないように 事を荒だてないように 事なかれ主義で 生きてるのに
べつに いーだろ

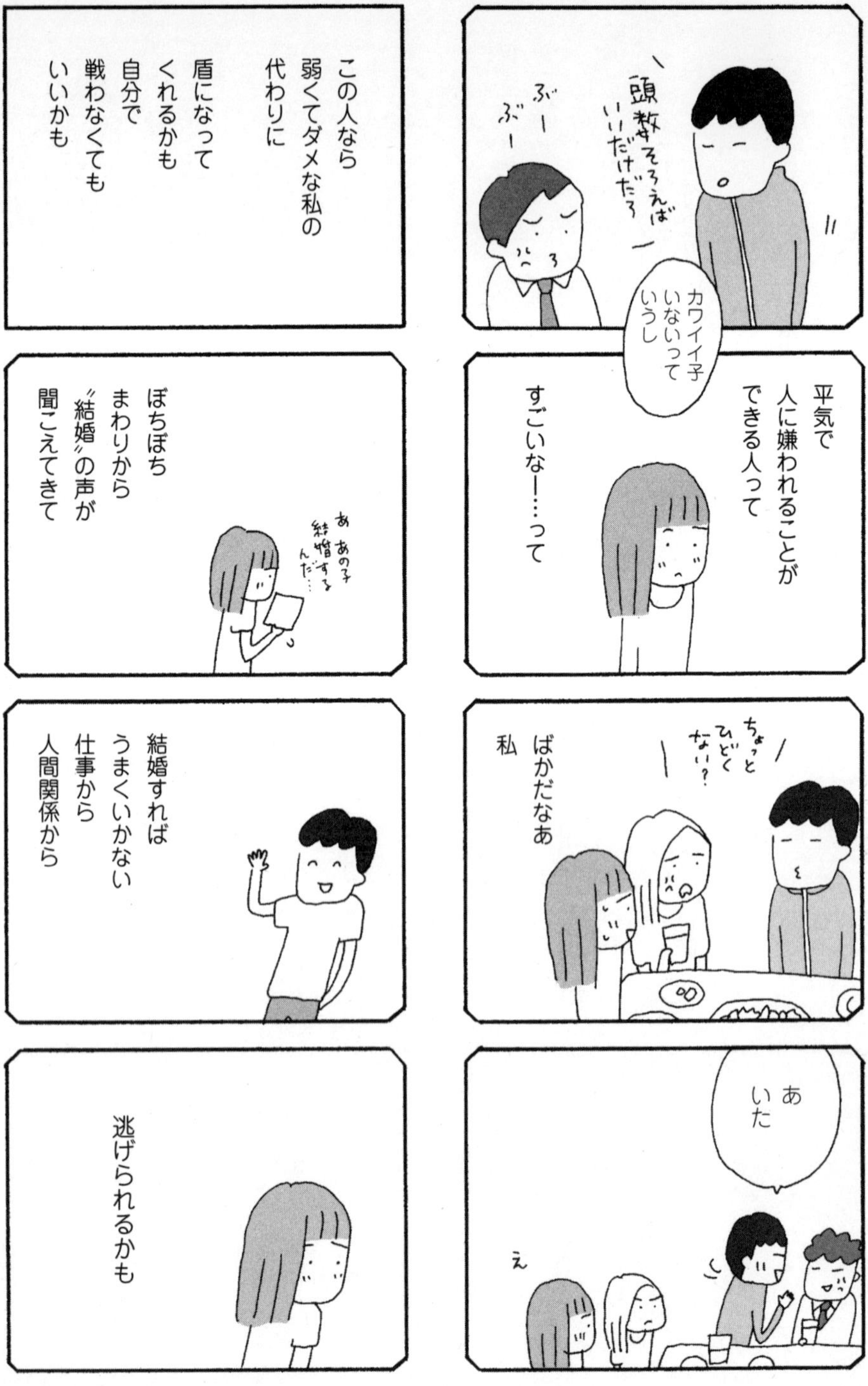
頭数そろえばいいだけだろー
ぶーぶー
カワイイ子いないっていうし
平気で人に嫌われることができる人って
すごいなー…って
ちょっとひどくない？
ばかだなあ
私
あ いた
え
この人なら弱くてダメな私の代わりに盾になってくれるかも自分で戦わなくてもいいかも
ぼちぼちまわりから〝結婚〟の声が聞こえてきて
あ あの子結婚するんだ…
結婚すればうまくいかない仕事から人間関係から
逃げられるかも

あわよくば
幸せになれるかも
と
決して
この人と
一緒に一生
生きていきたい
とか
そんなのじゃなかった
と思う
自分で
生きようと
してなかった
最悪な
私
だから
バチが
あたった
くくくー

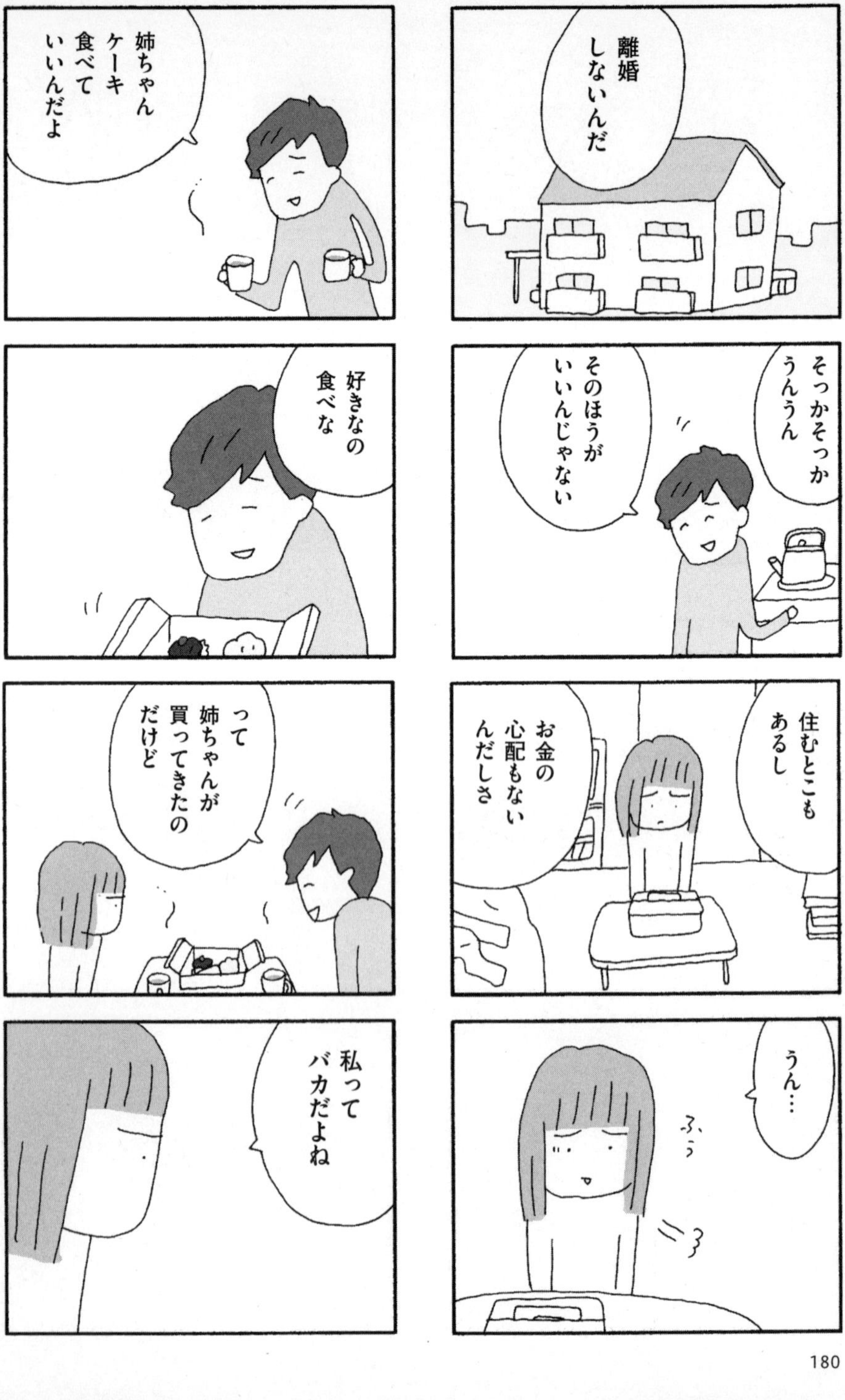
離婚しないんだ
そっかそっかうんうん
そのほうがいいんじゃない
住むとこもあるし
お金の心配もないんだしさ
うん…
ふぅ
姉ちゃんケーキ食べていいんだよ
好きなの食べな
って姉ちゃんが買ってきたのだけど
私ってバカだよね

一生懸命 考えてるみたいで どこかぬけてる
そんなこと ないよ
たぶん
ねえ… 私ってさ どんな人間 だった？
…

ニコニコ しながら 怒る人
……
顔は ニコニコ してるんだけど 心の中では どうやって仕返し しようか 一生懸命 考えてる人
… や やーだー
私 そんな 人間だった？

うん…
くらーい
やだ うそー そんなんだった？ 私？
オレの 仕返しも 一生懸命 考えてくれた よね
あいつのくつ うめてやろうか
あんなヤツ はだしで 帰れば いいんだよ
いいよ ぼく 大丈夫
ひっく
ぜったい ゆるさない
ぜったい
ぜったい ゆるさない
ぜったい しかえし してやる
たぶん オレはさ
姉ちゃんが 代わりに 怒ってくれてたから
オレは怒らずにすんでた
たぶん 父さんに対しても そうなのかなー… って思うよ

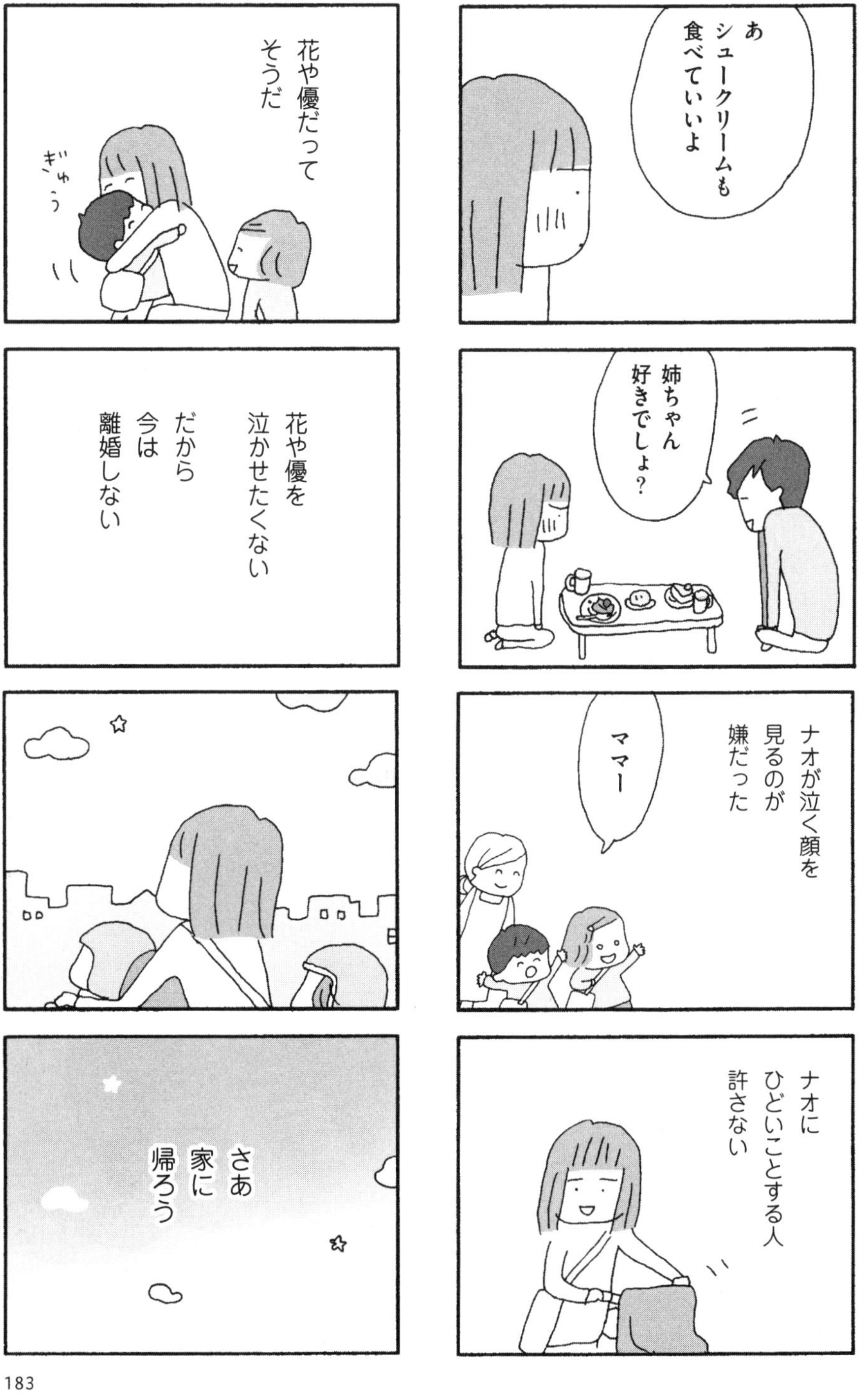
あ
シュークリームも
食べていいよ
姉ちゃん
好きでしょ？
ナオが泣く顔を
見るのが
嫌だった
ママー
ナオに
ひどいことする人
許さない
花や優だって
そうだ
ぎゅう
花や優を
泣かせたくない
だから
今は
離婚しない
さあ
家に
帰ろう

【第37話】羨望

室井さんを見た
汗かきながら配達してた
ありがとうございます
がんばれ室井さん
かってに勘違いしてごめんなさい…
私 ひそかに応援してる
ショーコちゃんはいつもニコニコしてていいわよねえ
石原さんこわくって
しーっ

私 仕事がどんなにキツくても笑顔でいられる自信がある
長い間そんなふうに生きてきたからね
ふっ
前はこんな自分が嫌いだったけど今はけっこう気に入っている
オムツかえますね～
やっぱり人って機嫌の悪い人よりニコニコしてる人のほうがぜったい好きだもの
ありがとね…

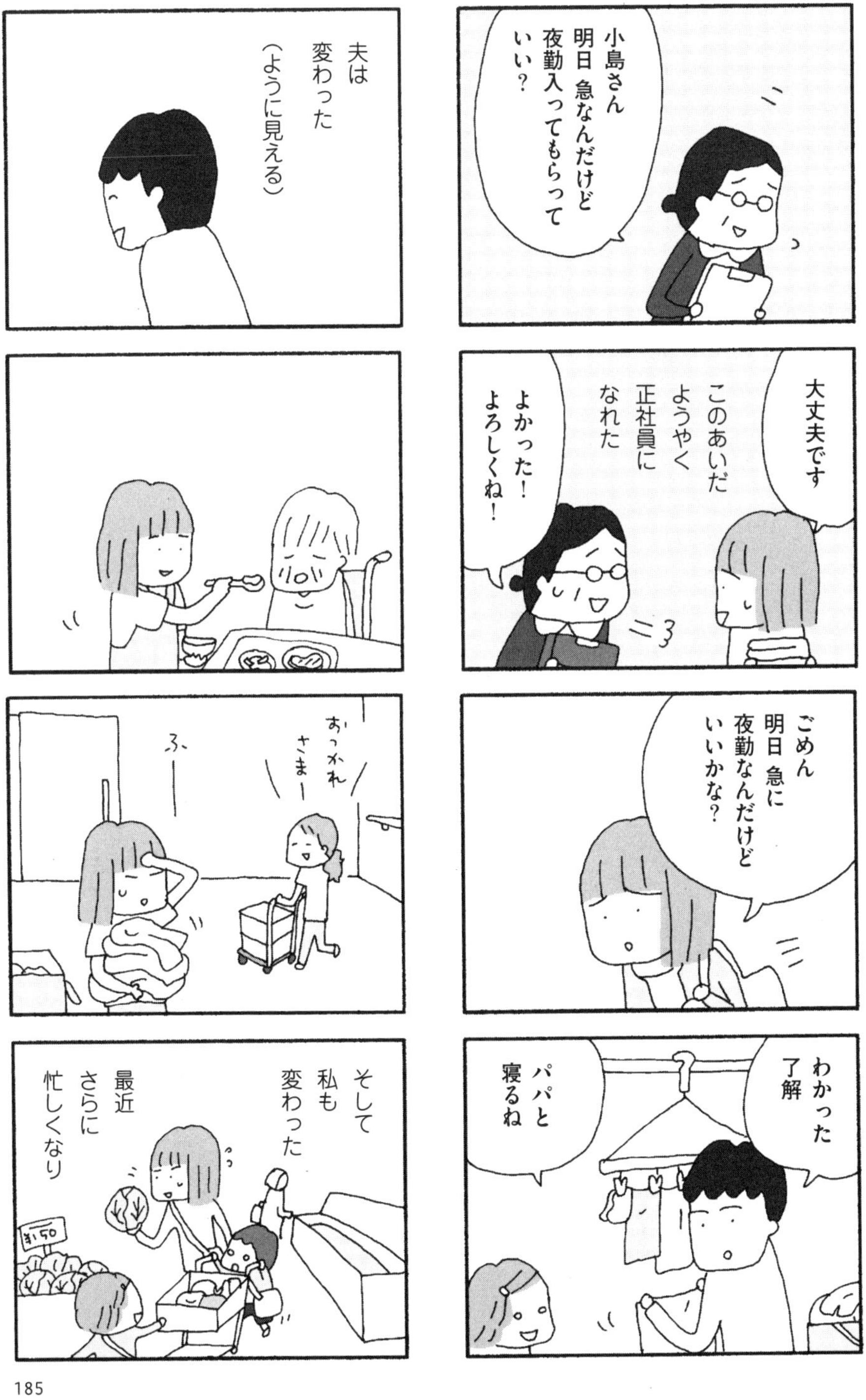
小島さん明日 急なんだけど夜勤入ってもらっていい？
大丈夫ですこのあいだようやく正社員になれた
よかった！よろしくね！
ごめん明日 急に夜勤なんだけどいいかな？
わかった了解
パパと寝るね
夫は変わった（ように見える）
ふー
おつかれさまー
そして私も変わった
最近さらに忙しくなり

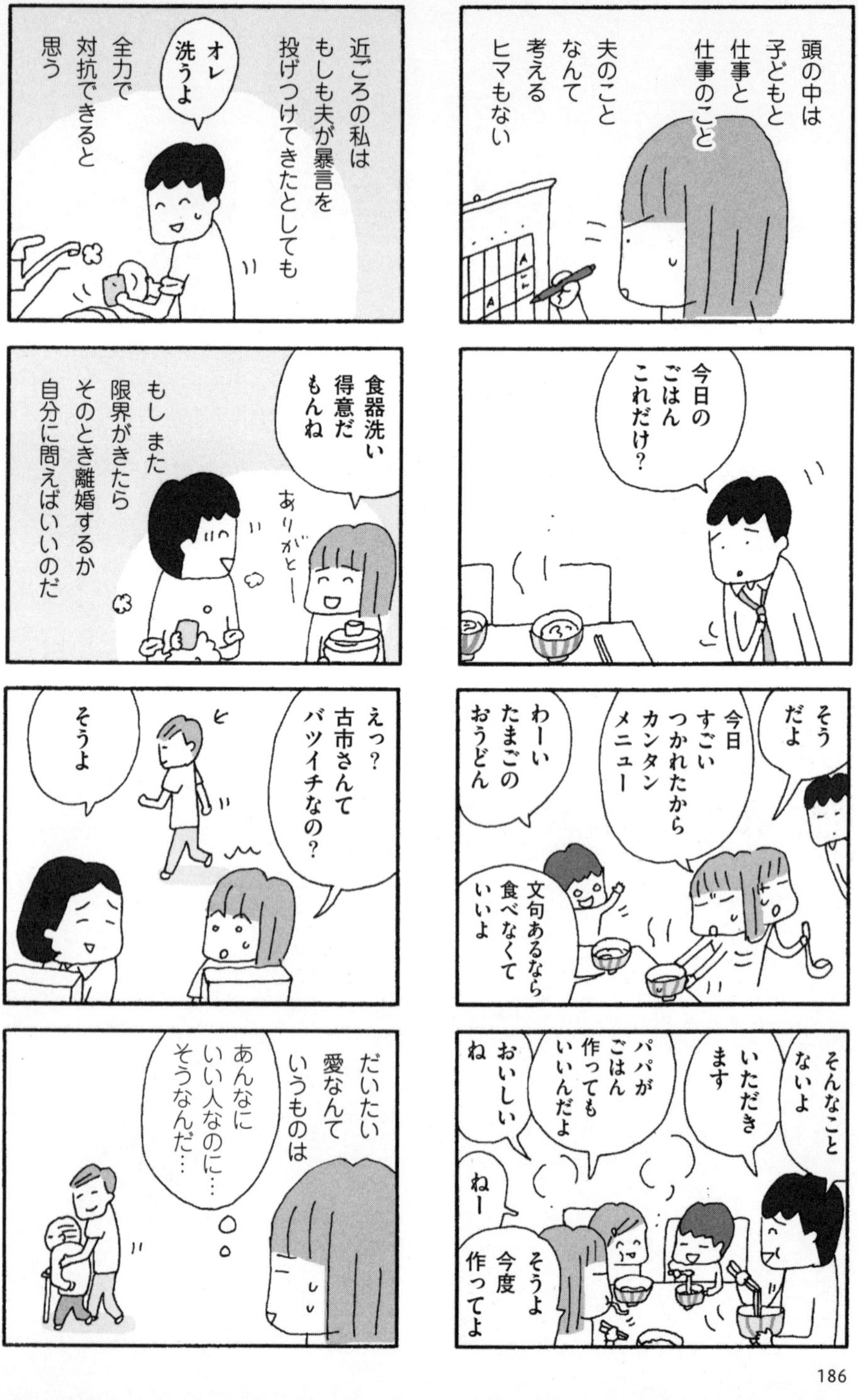

頭の中は子どもと仕事と仕事のこと
夫のことなんて考えるヒマもない
今日のごはんこれだけ？
そうだよ
今日すごいつかれたからカンタンメニュー
わーいたまごのおうどん
文句あるなら食べなくていいよ
そんなことないよ
いただきます
パパがごはん作ってもいいんだよ
おいしいね
ねー
そうよ今度作ってよ
近ごろの私はもしも夫が暴言を投げつけてきたとしても
オレ洗うよ
全力で対抗できると思う
食器洗い得意だもんね
ありがとー
もしまた限界がきたらそのとき離婚するか自分に問えばいいのだ
えっ？古市さんてバツイチなの？
そうよ
だいたい愛なんていうものは
あんなにいい人なのに…そうなんだ…

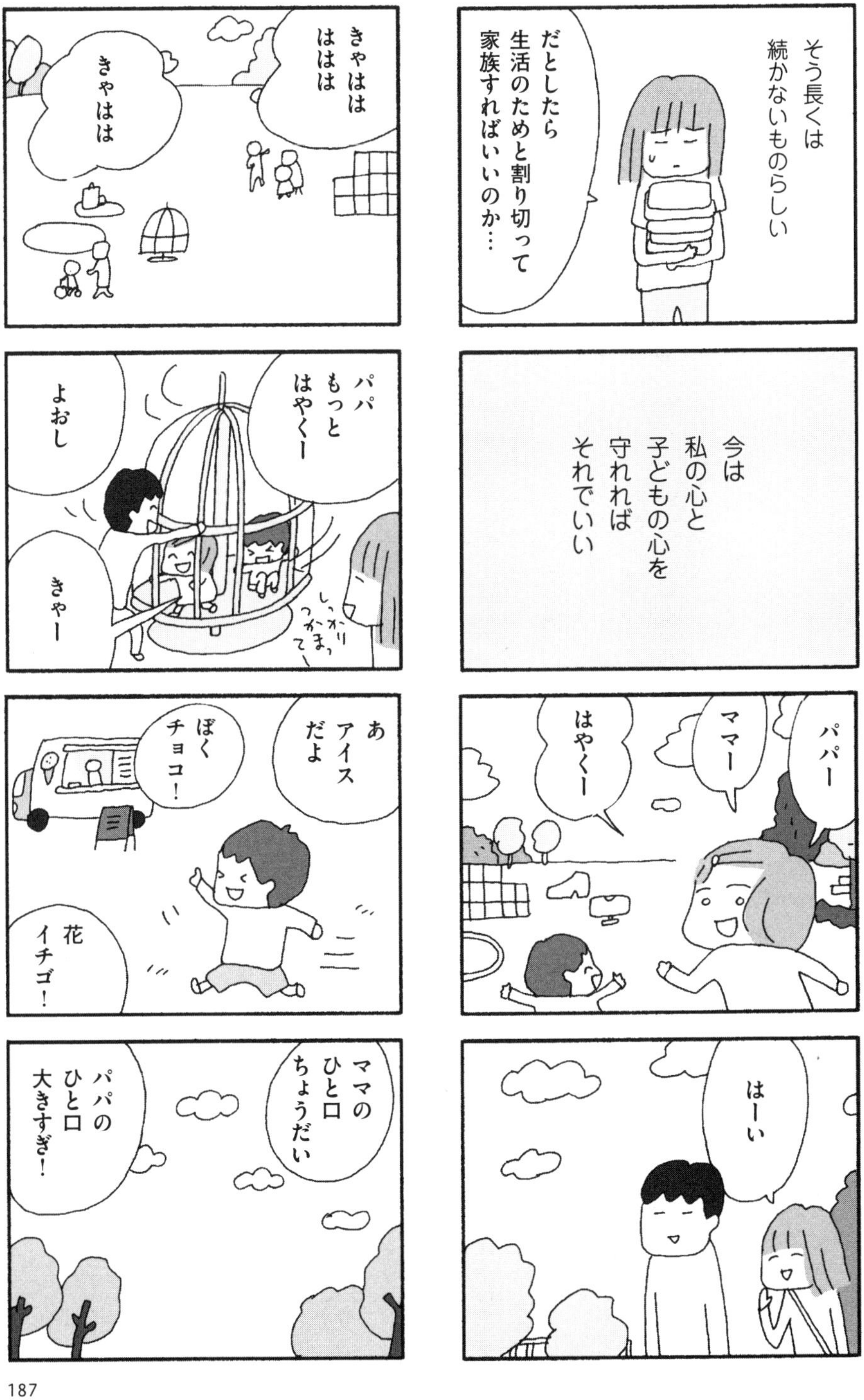
そう長くは続かないものらしい
だとしたら生活のためと割り切って家族すればいいのか…
今は私の心と子どもの心を守れればそれでいい
パパー
ママー
はやくー
はーい
きゃははははは
きゃはは
パパもっとはやくー
よおし
きゃー
しっかりつかまって
あアイスだよ
ぼくチョコ!
花イチゴ!
ママのひと口ちょうだい
パパのひと口大きすぎ!

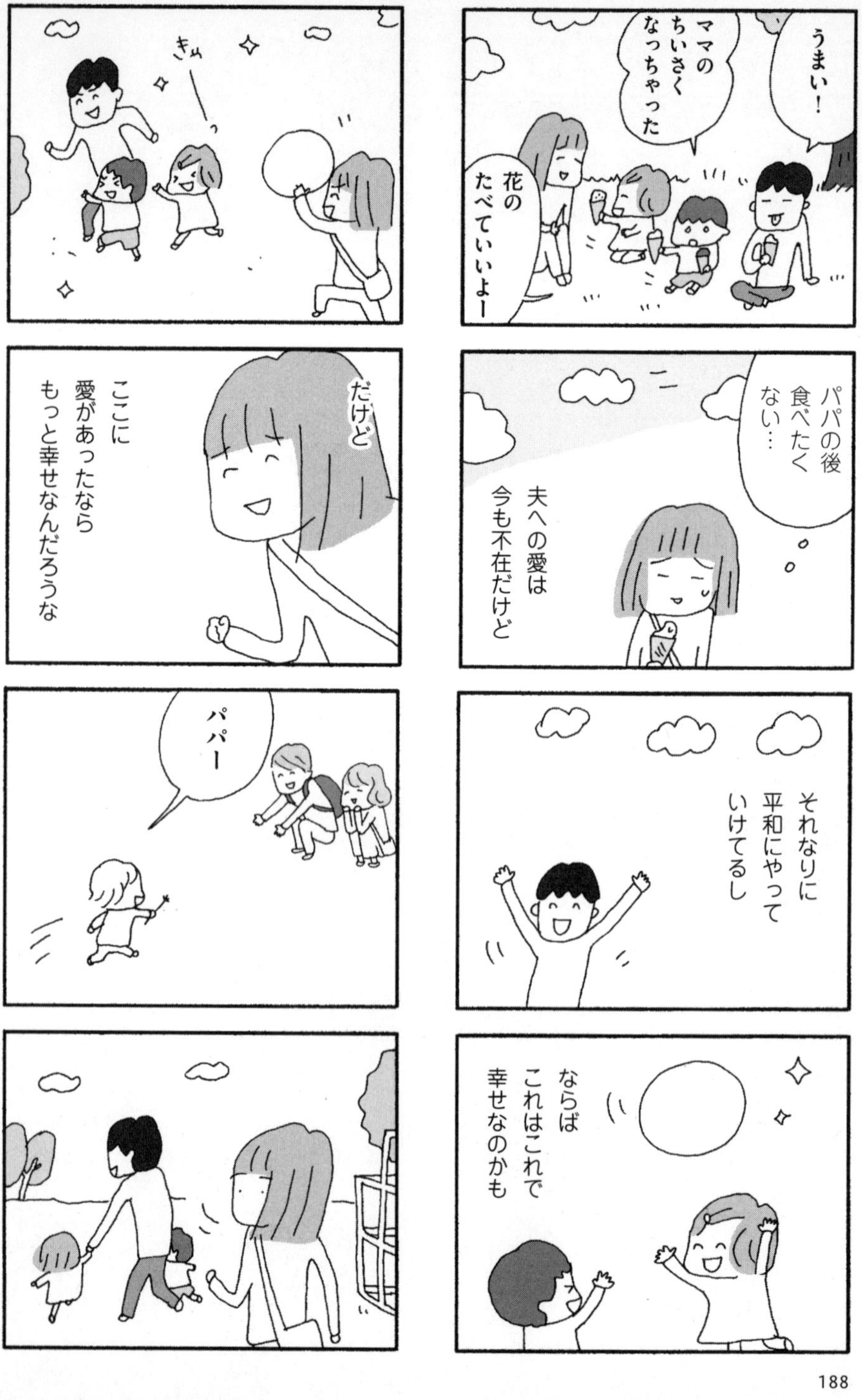
うまい！
ママのちいさくなっちゃった
花のたべていいよー
きゅーっ
パパの後食べたくない…
夫への愛は今も不在だけど
だけど
ここに愛があったならもっと幸せなんだろうな
それなりに平和にやっていけてるし
パパー
ならばこれはこれで幸せなのかも

あの夫婦
すごい
幸せそう…
やさしそうなパパ
かわいい子ども
うちと
同じなのに
キラキラ
してる
幸せそう
うらやましい
なんて
うらやましいんだろう
でも
あの奥さんも
私たちを見て
そう
思ってたりして

離婚してもいいですか？

翔子の場合

それから5年

花のつぶやき

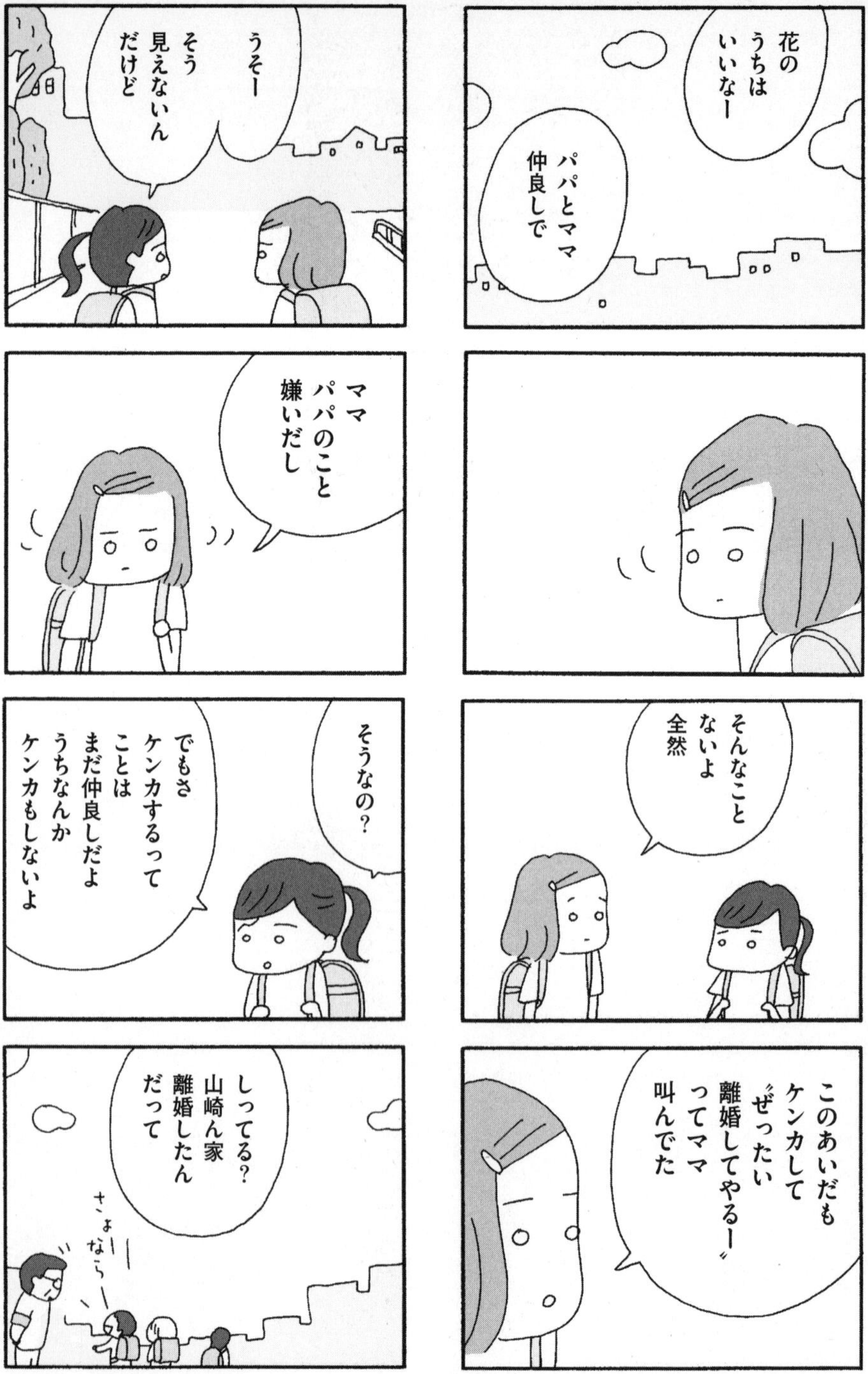
花のうちはいいなー
パパとママ仲良しで
そんなことないよ全然
このあいだもケンカして〝ぜったい離婚してやるー〟ってママ叫んでた
うそー
そう見えないいんだけど
ママパパのこと嫌いだし
そうなの?
でもさケンカするってことはまだ仲良しだよ うちなんかケンカもしないよ
しってる? 山崎ん家離婚したんだって
さよならー

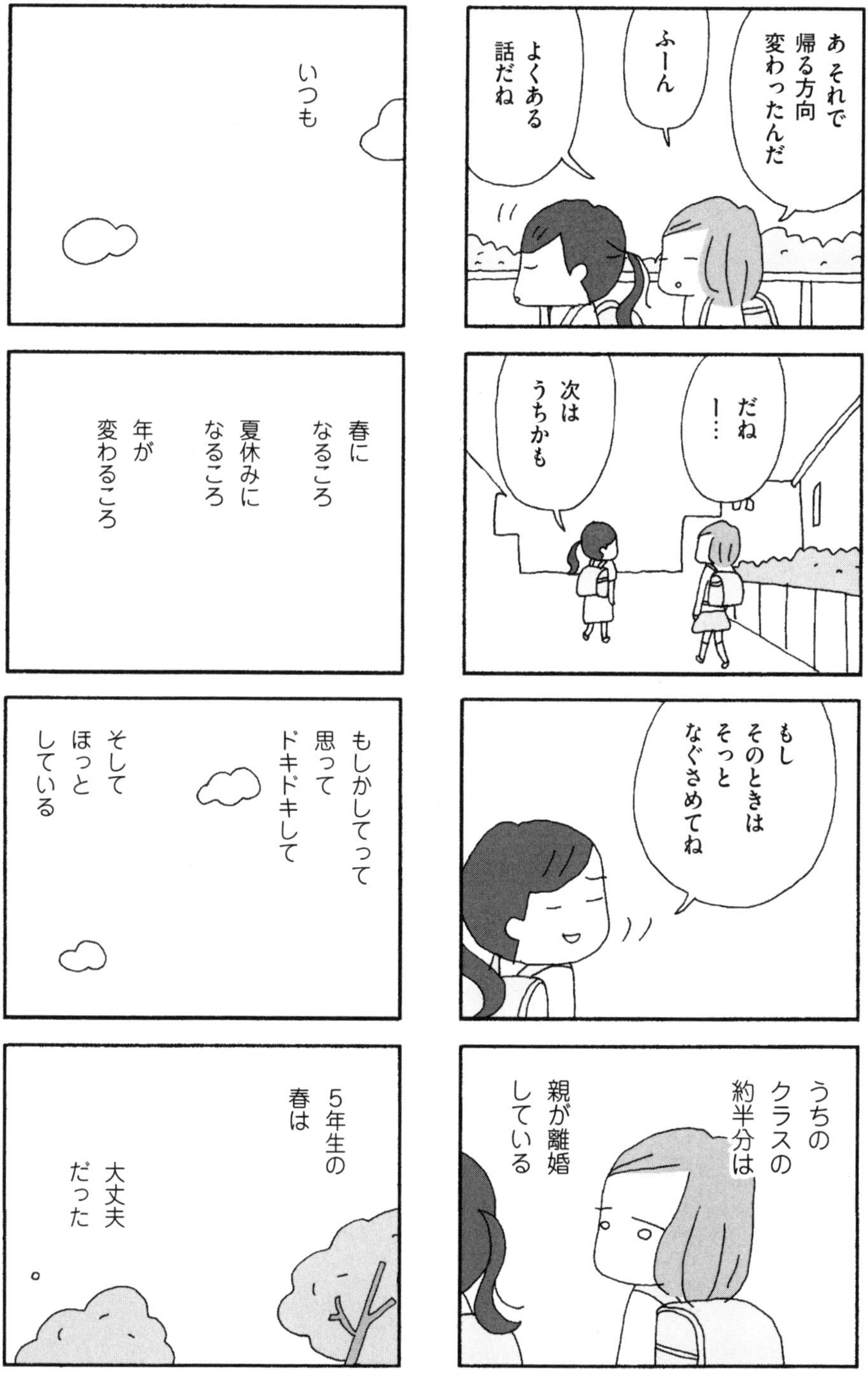

あ それで帰る方向変わったんだ
ふーん
よくある話だね
だね……
次はうちかも
もし そのときは そっとなぐさめてね
うちのクラスの約半分は
親が離婚している
いつも
春になるころ
夏休みになるころ
年が変わるころ
もしかしてって思って ドキドキして
そしてほっとしている
5年生の春は
大丈夫だった

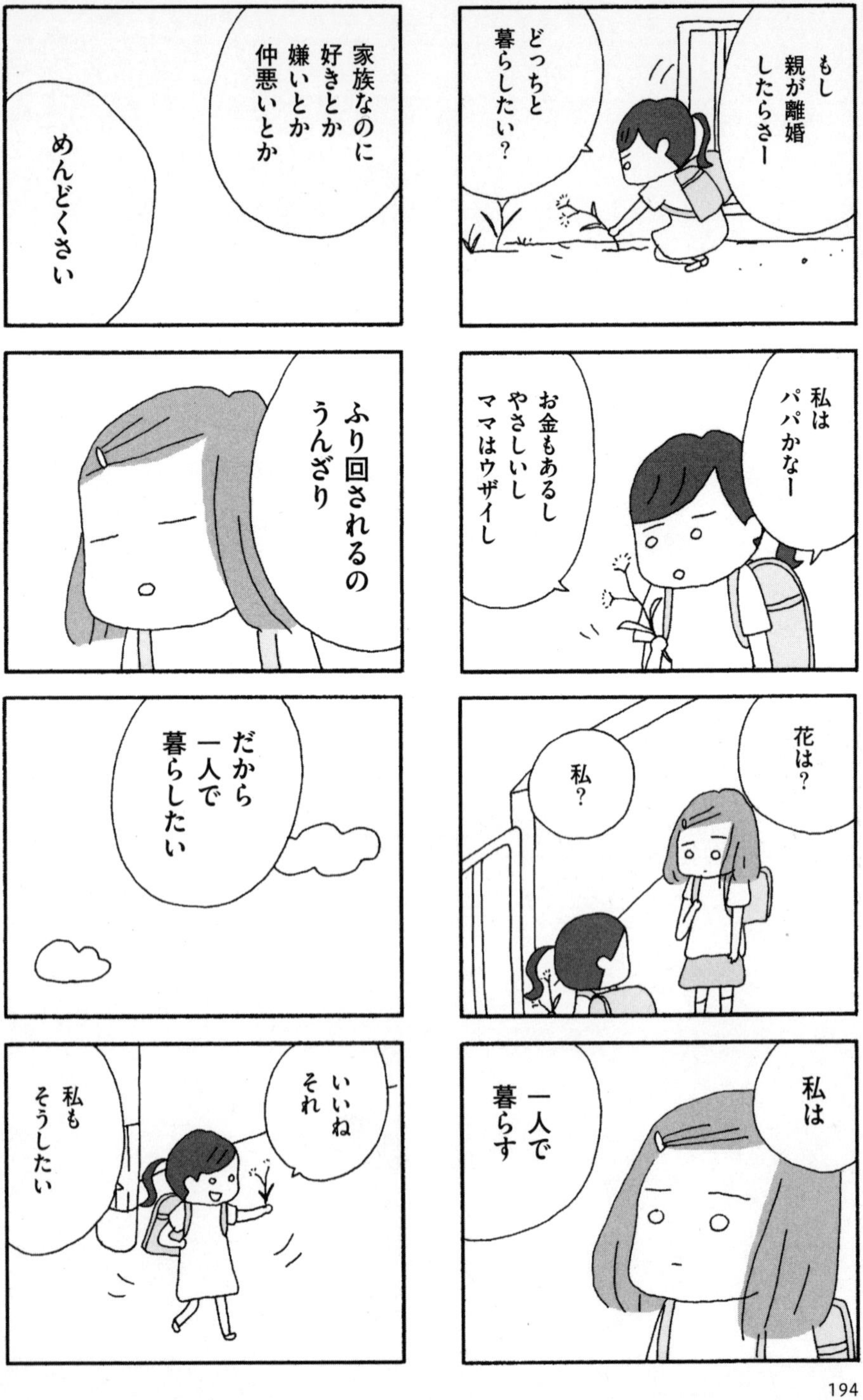
もし親が離婚したらさー
どっちと暮らしたい？
私はパパかなー
お金もあるしやさしいしママはウザイし
花は？
私？
私は
一人で暮らす
家族なのに好きとか嫌いとか仲悪いとか
めんどくさい
ふり回されるのうんざり
だから一人で暮らしたい
いいねそれ
私もそうしたい

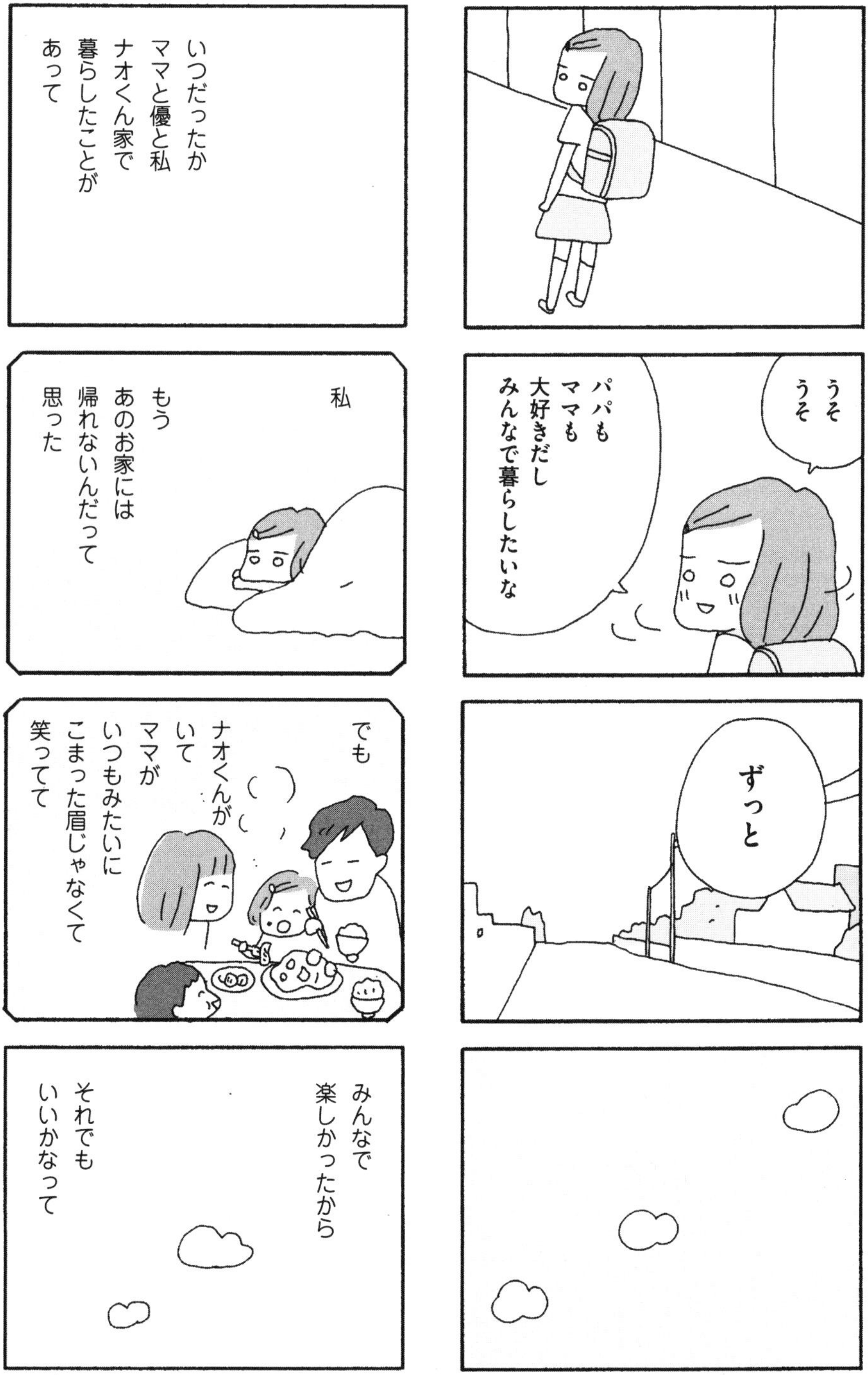
いつだったか
ママと優と私
ナオくん家で
暮らしたことが
あって
うそ
うそ
パパも
ママも
大好きだし
みんなで暮らしたいな
私
もう
あのお家には
帰れないんだって
思った
ずっと
でも
ナオくんが
いて
ママが
いつもみたいに
こまった眉じゃなくて
笑ってて
みんなで
楽しかったから
それでも
いいかなって

だけど パパが 「おかえり」って ごはん 作ってくれてて
すごい うれしかった
あの日の夜 すごく深く 眠れたの おぼえてる
もー パパってば どーして こうなんだろ？
いわれた ことしか できないし
いわれたことも ちゃんと できないんだ もんねー
いうと すねるし
あーあ 人って 変わんない よねえ
また 始まった
ママの 大きな ひとり言

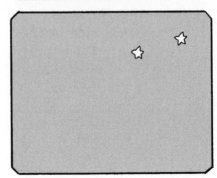

あ ねえ 花
今度の休み ナオの結婚式に 着てく服 買いに行こうね
めんどくさい なあー
なに いってんのよ
今度 ナオくんが 結婚する
鼻から 声を出して しゃべる人と
どーせ すぐ別れる くせに
はあ?
って 室井が いってた
オレが いったんじゃ ないよ
優の同級生の 室井か
あいつ 嫌いだ
あいつのママ パパの同級生 らしいけど
やけに パパと なれなれしくて
おう
あっ こじまー
イラ

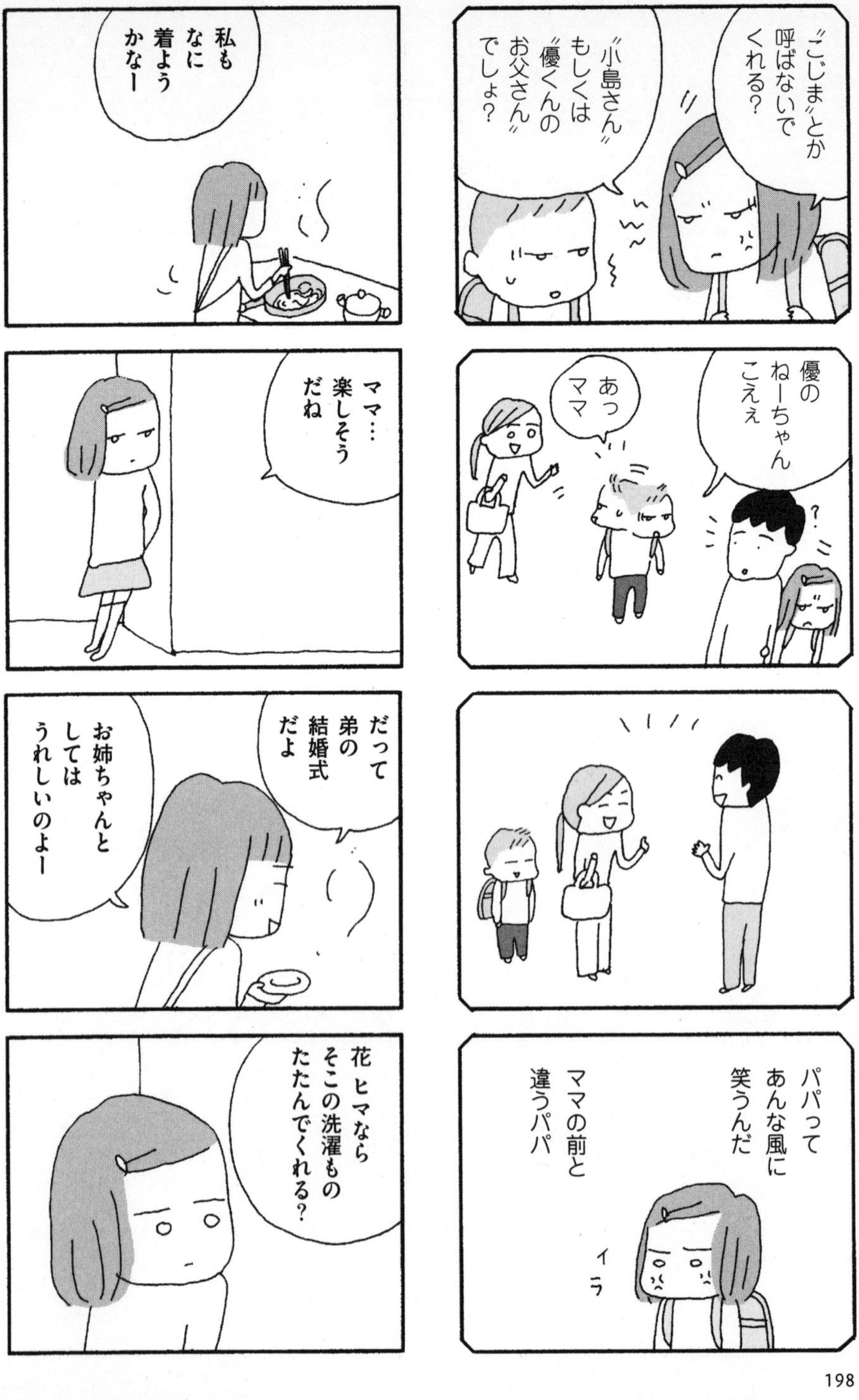
〝こじま〟とか呼ばないでくれる?
〝小島さん〟もしくは〝優くんのお父さん〟でしょ?
優のねーちゃんこえぇ
あっママ
パパってあんな風に笑うんだ
ママの前と違うパパ
イラ
私もなに着ようかなー
ママ…楽しそうだね
だって弟の結婚式だよ
お姉ちゃんとしてはうれしいのよー
花ヒマならそこの洗濯ものたたんでくれる?

結婚って
なに？
うれしいの？
楽しいの？
楽しいのは
結婚式
じゃないの？
ナオくんが
結婚するの
嫌だな
ああ
イライラ
する
勉強なんて
したくない
学校で勉強して
塾でも勉強して
家でも勉強して
なんのために
誰のために
自分のためって
パパとママは
いうけどさ
意味
わかんない
ねー
鼻でしゃべって
あげようか？

はにめましてー
よろしくね
花ちゃん
きゃはは
なにそれ
──
じゃねー
バイバーイ
山崎
バイバーイ
私は
帰る
お家に
帰る

帰りたくないなー
幸せそうに光ってるくせに
うそっぽい
いちど割れた皿をのりでくっつけたような
そんな家族
うそ家族
もし
いちばん幸せって思ったことはなんですか？って聞かれたら
ほしかったおもちゃを買ってもらったことでも
友だちと遊んだことでも
旅行につれてってもらったことでもなくて
パパとママと優にはさまれて
お布団で眠ったこと

まだ
まだ家族なはず
せめて私が大人になるまで家族でいて
きっとまだ大丈夫
よかった
私今日もこの家に帰れる

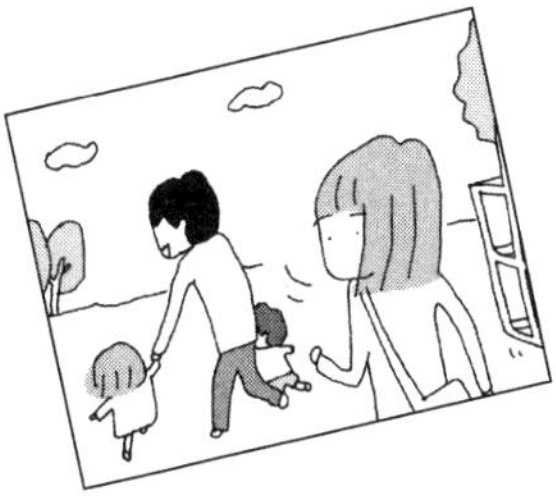

離婚してもいいですか？

翔子の場合

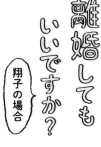

あとがき

最後まで読んでくださりありがとうございました。

この連載を『レタスクラブ』で始めたころ、『レタスクラブ』を見かけるたび、胃が痛くなったのを思い出します。

明るく健康的な『レタスクラブ』で「離婚」のお話…。

果たして受け入れてもらえるんだろうか？

連載開始当初、担当さんからの「水を打ったように、反応がありません」という言葉も忘れられません。読者の方の戸惑いを感じました。
しかし、徐々に読者の方より「気になって仕方ない」「一番最初に読んでいます」という言葉をいただくようになり、翔子の行方を応援していただき、こうして一冊の本としてまとめることができました。
「離婚」という言葉に心がざわつく方に、寄り添うことが出来れば幸いです。

2018年4月　野原広子

〈初出〉「レタスクラブ」2016年８月25日発売号～ 2018年１月25日発売号
「レタスクラブ」特別付録 2018年２月25日発売号
第36話「理由」、「それから５年」は描き下ろしです。

STAFF

ブックデザイン
坂野弘美

DTP
小川卓也（木蔭屋）

校 正
齋木恵津子

担 当
松田紀子
佐藤杏子

編集長
松田紀子

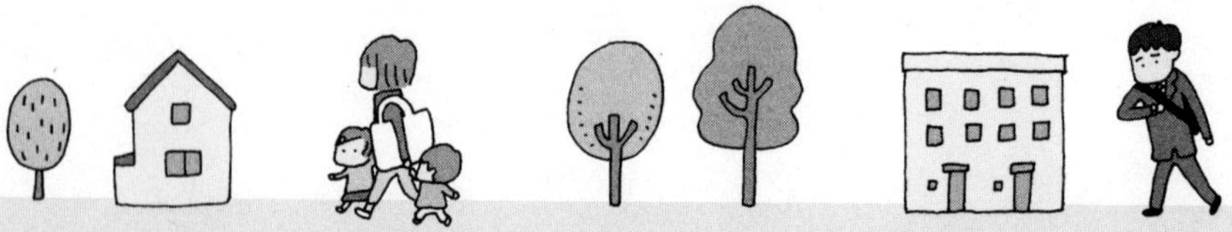

メディアファクトリーの
コミックエッセイ

離婚《りこん》してもいいですか？　翔子《しょうこ》の場合《ばあい》

2018年 4 月13日　初版発行
2020年 7 月30日　7版発行

著者／野原《のはら》 広子《ひろこ》

発行者／川金 正法

発行／株式会社KADOKAWA
〒102-8177　東京都千代田区富士見2-13-3
電話 0570-002-301（ナビダイヤル）

印刷所／凸版印刷株式会社

ISBN 978-4-04-069540-2　C0095

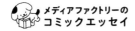